Marge Askinforit

Barry Pain

Writat

Diese Ausgabe erschien im Jahr 2024

ISBN: 9789359948379

Herausgegeben von
Writat
E-Mail: info@writat.com

Inhalt

ANMERKUNG DES VERFASSERS

Die Idee zu diesem Buch entstand durch die Lektüre einiger Auszüge aus der Autobiografie einer brillanten Dame, die uns viel über eine Reihe interessanter Menschen zu erzählen hatte. Es gab eine Qualität in dieser Autobiographie, die eine Parodie zu verlangen schien, und zweifellos wird der Autobiograph, der nicht auf die Nachwelt und Perspektive warten kann, eine kleine zeitgenössische Verzerrung verzeihen.

Indem ich meinen bescheidenen Kranz zu den Schmeicheleien hinzufüge, die sie bereits in ihrer aufrichtigsten Form erhalten hat, möchte ich darauf hinweisen, dass eine Parodie auf eine Autobiografie keine Karikatur der Menschen sein sollte, die biographiert werden – von denen einige sicherlich schon genug gelitten haben müssen . Ich habe den sozialen Schlüssel des Originals erheblich abgesenkt, nicht nur um es in den Wirkungsbereich des Ausführenden zu bringen, sondern auch um eine Unterscheidung zu treffen. Ich habe die Distanz zum wirklichen Leben – die im Original manchmal spürbar war – so weit vergrößert, dass es unmöglich sein sollte, anzunehmen, dass irgendeine der Grotesken der Parodie für irgendjemanden im wirklichen Leben gedacht sei. Niemand in der Parodie soll eine Darstellung oder auch nur eine falsche Darstellung einer realen lebenden oder toten Person sein. Zum Beispiel soll „Inmemorison“ keine Karikatur von Tennyson sein, aber die Passage, die sich mit ihm beschäftigt, soll einiges von dem parodieren, was über Tennyson geschrieben wurde.

Zweifellos hat die Autorin des Originals der Öffentlichkeit mehrere Türen geöffnet, durch die es undenkbar wäre, dass ein Parodist ihr folgen würde. Abgesehen davon sollte eine Parodie kurz sein, genauso wie eine Autobiografie lang sein sollte – *ars brevis, vita longa* .

BARRY SCHMERZ .
Oktober 1920.

Die Zitate stammen aus den Artikeln, die in „The Sunday Times“ erschienen sind. Daraus folgt natürlich nicht, dass diese Passagen in der gleichen Form oder überhaupt erscheinen werden, wenn die vollständige Autobiographie veröffentlicht wird.

Erster Auszug

DIE KATASTROPHISCHE FAMILIE

Ich wurde natürlich Margarine getauft, aber in meinem Umfeld war ich immer als Marge bekannt. Der Name leitet sich, wie ich erfahren habe, vom lateinischen Wort *margo ab* , was „Grenze“ bedeutet. Ich habe immer versucht, dem gerecht zu werden.

Wir waren eine sehr zahlreiche Familie , und ich kann nur für einige der wichtigeren biografischen Details Platz finden. Ich muss Platz für mich behalten.

Meine ältere Schwester Casein – Casey, wie wir sie immer nannten – sollte mir am ähnlichsten sein und war weniger dagegen, als man erwartet hätte. Ich habe selbst nie einen Fehler gemacht, was was war. Ich hatte nicht ihre schönen, strahlenden Augen, aber sie hatte auch nicht meine wundervolle Wange. Sie hatte nicht meine Intelligenz. Sie besaß auch nicht die unbezahlbare Gabe, mit der schwarzen Mütze eine unwichtige persönliche Meinung zu äußern, als wäre es das endgültige Urteil der Nachwelt. Wir waren einander ergeben, und oft verdankte ich meine Position als vorübergehendes Stubenmädchen in einer ahnungslosen Familie der hervorragenden Figur, die sie für mich geschrieben hatte.

Sie heiratete Moses Morgenstein , einen eingebürgerten britischen Staatsbürger, der seine Liebe zu seinem Wahlland zeigte, indem er als Stanley Harcourt firmierte. Mit seinen pechschwarzen Haaren und Nägeln, den herabhängenden Wimpern und der Unterlippe sowie der nach unten geschwungenen Nase war er eine beeindruckende Erscheinung. Der Krieg brannte in ihm vor Begeisterung, und ich gebe hier einen Vers eines schönen Gedichts wieder, das er geschrieben und, wie ich mich erinnern werde, bei Mrs. Mopworth vorgetragen hat *Salon* :

Ich bin seit drei Jahren in Luntun ,
in der Ferne halte ich so Tränen,
Inklant , mein Inklant !
Mit ihrer überwältigenden Macht,
wenn sie im Kampf
siegt , M. Morgenstein Wird alles in Ordnung sein –
Nicht ? –
Inklant , mein eigenes!

Er war ein Mann mit vielfältigen Talenten, und ich bedauerte immer, dass er dem Kutteldressing das gab, was für die Musen bestimmt war. Leider war er, wenn auch indirekt, eines der vielen Opfer des Ersten Weltkriegs. Sein Plan zur Verschleierung überschüssiger Gewinne war ausgeklügelt und genial und wurde mit Beharrlichkeit in die Tat umgesetzt . Sein einfacher Verstand konnte nicht begreifen, dass sich die elementare Ehrlichkeit im Wandel befand. „ Würde ich für mich selbst verantwortlich sein , was ich *nicht* tun kann ? ““, sagte er oft zu mir. Und dann fiel der Schlag.

Allerdings hat er sich die größtmögliche Remission verdient, die ihm gutes Benehmen zumuten könnte, und wir hoffen, dass er bis Weihnachten wieder draußen sein wird.

Meine nächste Schwester, Saccharine, war von hauchdünner und prismatischer Schönheit, was ein ausreichender Beweis für ihre Cohltar-Abstammung war – unsere Mutter war natürlich eine Cohltar . Ich hätte nie gedacht, dass sie genauso geistig ist wie ich. Tatsächlich hatte ich zum Zeitpunkt der Drucklegung noch nicht das Gefühl, dass ich meinte, es sei mir ebenbürtig. Aber an ihrer Schönheit gab es keinen Zweifel. Damals – ich spreche von den Neunzigerjahren – war es für meine Schwester ein ganz normales Ereignis, versehentlich einen Omnibus hochzuhalten. Die Pferde hielten an, sobald sie sie sahen, und weigerten sich, sich zu bewegen, bis sie sich von ihrer erstaunlichen Schönheit satt getrunken hatten. Ich erinnere mich noch gut an eine Gelegenheit, bei der die Pferde in einem West-Kensington-Omnibus sie am Piccadilly Circus trafen und sich weigerten, sie zu verlassen, bis sie Highgate erreichte, trotz der Peitsche des Fahrers, der Gotteslästerung des Schaffners und der formelleren Beschwerden des Fahrers Passagiere und direktes Eingreifen der Polizei.

Sie war damals ein süßes Mädchen und ich liebte sie. Ich hatte nie Gefühle von Eifersucht. Wie kann jemand, der sicher ist, allen überlegen zu sein, auf irgendjemanden neidisch sein?

Sie heiratete einen Russen, Alexis Chopitoff . Er war ein perfekter Künstler in seinem eigenen Medium, nämlich den Haaren. Ihm verdanke ich meine einzige Schönheit, und ich bin mir sicher, dass sie sich jeder Entdeckung entzieht. Einst schienen die größten Schätze des Lebens in greifbarer Nähe zu liegen. Während des Krieges erregte seine Fähigkeit, *namhafte* Pianisten für den Militärdienst fit zu machen, offizielle Aufmerksamkeit, und wenn er zum OBE ernannt worden wäre, wäre das für keinen von uns eine Überraschung gewesen. Unglücklicherweise veranlasste ihn sein Interesse an den politischen Angelegenheiten seines eigenen Landes dazu, in Waterloo einen Versandkoffer zu annektieren , der, pedantisch gesehen, nicht ihm gehörte. Leider befand sich in dem Koffer eine Diamant-Tiara, was zu Missverständnissen führte. Nichts hätte den Mut der lieben Saccharine übertreffen können, als sie erfuhr, dass er am Ende seiner Haftstrafe abgeschoben werden sollte.

„Es wird mich in eine Position größerer Freiheit und weniger Verantwortung bringen“, sagte sie mit vollkommener Ruhe und mit inzwischen historischen Worten.

Aber ich wusste, wie nahe sie einem Nervenzusammenbruch war. Tatsächlich war ihr Nervenzusammenbruch ihre erfolgreiche Verteidigung , als sie eine Woche später bei Whiteridge verhaftet wurde, mit einer Dose Sardinen, zwei Stücken supercremiger Toilettenseife und einem gebundenen Exemplar von Kebles „Christian Year“ im Muff. Die Bosheit und Feindseligkeit, die Whiteridge in der Anklage an den Tag legte, wird nur teilweise durch die Tatsache entschuldigt, dass die liebe Saccharine zuerst den Mistkerl gekniffen hatte.

Eine andere Schwester, Chlor, wurde in späteren Jahren als Medium bekannt. Sie kommunizierte per drahtlosem Telefon mit dem Jenseits oder gab zumindest vor, dies zu tun. Früher war es ziemlich seltsam, sie „Gehenna, 1 double 7, 6“ rufen zu hören. Ich habe nicht den geringsten Zweifel daran, dass sie einen berühmten Physiker, der merkwürdigerweise eine Schwäche für Fakten hat, oder einen Detektivautor, der ebenso merkwürdigerweise eine Schwäche für Vorstellungskraft hat, überzeugt hätte. Es tut mir leid, sagen zu müssen, dass sie mir nie den Gewinner des nächsten Derbys nennen würde, und ich kann mich auch nicht erinnern, dass sie diese besondere und exklusive Information jemals zu ihrem eigenen Vorteil genutzt hat. Aber wie andere Medien auch konnte sie immer einen plausiblen Grund angeben, warum sie jeden Test, der wirklich ein Test war, meidete; Und jetzt, da sie aufgrund der gestiegenen Arbeits- und Materialkosten ihr Honorar verdoppelt hat, sollte es ihr sehr gut gehen, insbesondere nach der freundlichen Förderung, die ich ihr gerade gegeben habe.

Dann war da noch Methyll – das ist die alte angelsächsische Form von Ethel. Sie war ein bezauberndes Kind und beschäftigte sich intensiv mit der Naturgeschichte. Ich erinnere mich, dass sie bei einem Empfang, bei dem die Erfrischungen etwas eingeschränkt waren, zu mir sagte: „Ein Cocktail reicht noch nicht für einen Schluck.“ Ich glaube, die moderne Biologie hat diese Beobachtung bestätigt. Sie verbrachte einen Großteil ihrer Zeit im Zoo und es wurde angenommen, dass es von Vorteil wäre, wenn sie dauerhaft dort wohnen könnte. Aber obwohl sie im Gesicht einem Flamingo nicht unähnlich war und ich ein gewisses Interesse an dem Mann hatte, der die Fische für die Seelöwen liefert, konnte kein freier Käfig gefunden werden. Ein Angebot, sie eines mit dem Kasuar teilen zu lassen – *Missionara timbuctana* – wurde abgelehnt.

Ich muss jetzt von einer anderen Schwester sprechen, Caramel, wenn auch mit Trauer. Allerdings steckt in jeder Hürde ein Skelett – ich meine, in jedem Schrank ein schwarzes Schaf. Sie war unbestreitbar schön und hatte ein romantisches Postkartengesicht. Ihre Figur war perfekt. Ihre Intelligenz lag bei C 3. In einem schwachen Moment nahm sie eine Denkrolle in einer Revue im „Frivolity“ an, und ihre Karriere endete erwartungsgemäß in einer schockierenden *Mésalliance* . Sie heiratete den Marquis von Beanstrite und erschien mehr als einmal auf der Rückseite der „Daily Mail“, aber das ist noch nicht alles. Sie sieht mich jetzt nie mehr und es treibt mir Tränen in die Augen, wenn ich daran denke, was ihr entgeht.

Meine Brüder waren alle Sportler, aber sie waren selten zu Hause. Sie schienen das Gefühl zu haben, dass sie woanders gebraucht würden, und das waren sie im Allgemeinen auch. Wenn Sie einen Polizisten im Bezirk Kentish Town fragen und dabei meinen Namen nennen, wird er es Ihnen sagen.

Wir waren insgesamt dreiundsiebzig, von denen vierundachtzig überlebten, mich eingeschlossen. Und doch wirkt der liebe Papa manchmal etwas gereizt – ich frage mich, warum.

Meine Mama war ganz anders als mein Papa. Sie waren nicht einmal vom gleichen Geschlecht. Aber das passiert so oft, finden Sie nicht?

Mein Vater hatte die seltsame Vorliebe, alle seine Söhne nach späteren Derbysiegern zu benennen. Zweifellos wird man sagen, dass dies nicht immer praktikabel ist; Das ist es auch nicht – das Derby wird gelegentlich von einem Gee-Gee des Geschlechts gewonnen, das ich selbst adoptiert habe, und in solchen Fällen ist der Name für einen Jungen unpassend. Aber wenn es allgemein möglich wäre, wäre es absolut ausgeschlossen, auf eines unserer klassischen Rennen zu wetten; es würde wahrscheinlich auch das Rennen ausschließen. Schließlich müssen wir in den Pausen moralisch sein und in der Essensstunde Fabrikmädchen zurückfordern. Aber ich fürchte, es wird nie passieren – so wenige Männer haben die wunderbare Weitsicht des lieben Papas.

Spearmint, mein ältester überlebender Bruder, stand stark unter dem Einfluss von Alexis Chopitoff und ergriff denselben Beruf. Einfach und bescheiden, niemand hätte gedacht, dass er in einem Jahr in allen wichtigen Rennen den Sieger unterstützt hatte. Aber das war tatsächlich der Fall.

„Da ist nichts drin, Marge“, sagte er eines Abends zu mir. „Es gibt nur einen sicheren Weg zu gewinnen: jedes Pferd im Rennen mit dem Geld eines anderen Mannes zurückzugewinnen. Ich erzähle einem Kunden, dass ich an diesem Morgen einen bekannten Trainer rasiert habe und dass der Trainer mir eine Gewissheit gegeben habe; Ich verlange nur, dass der Kunde eine halbe Krone für mich auflegt. Ich wiederhole den Vorgang und ändere den

Namen der Gewissheit, bis alle Risiken abgedeckt sind. Ich weiß, es ist altmodisch, aber ich mag es. Es erfordert nichts als Geduld und es kann unmöglich schief gehen."

Aber es ging schief. Er erzählte die Geschichte, wie der bekannte Trainer ihm die Gewissheit gegeben hatte, einen neuen Kunden kennenzulernen, den Spearmint noch nie zuvor rasiert hatte. Durch einen katastrophalen Zufall kam es dazu, dass der neue Kunde tatsächlich dieser bekannte Trainer war. Er schien zu glauben, dass Spearmint sich mit seinem Namen eine Freiheit genommen hatte, und war ihm sogar übel.

Spearmint verlor sein linkes Auge nicht, wie einst befürchtet wurde, aber sein Aussehen ist seit dem Nasenbruch nicht mehr ganz derselbe.

Mein nächster Bruder, Orby, wurde 1870 geboren. Er konnte die anmutigsten und charmantesten Dinge tun. Als sein Namensvetter 1907 das Derby gewann, eignete er sich sofort einen schmeichelhaften irischen Akzent an und verwendete ihn beim Erzählen humorvoller Geschichten. Ein Akzent, den man sich im Alter von siebenunddreißig Jahren angeeignet hat, neigt möglicherweise dazu, nicht überzeugend zu sein, und ich dachte immer, dass mein Bruder zu gewissenhaft war, als er jeden Satz mit dem Wort „Bedad" begann. Genau wie ich wusste er einfach nicht, was Angst ist, und erzählte deshalb seine irischen Geschichten mit seinem eigenen irischen Akzent einem echten Iren. Aber jetzt, wo er seine neuen Zähne hat, würde man nie erfahren, dass er getroffen wurde. Eine große juristische Autorität – ich weiß nicht mehr, vor welchem Polizeigericht – sagte über ihn, dass er von allen Taxifahrern in Knightsbridge die besten Manieren und die geringste Ehrlichkeit gehabt habe.

Ein anderer Bruder, Sunstar, erwarb sich durch seine Fähigkeiten im Taschenspiel einen beachtlichen Ruf. Wenn man ihm eine Uhr oder eine Münze leiht, lässt er sie mit einer Handbewegung verschwinden; er könnte das Gleiche tun, wenn du es nicht geliehen hättest. Er konnte alles verschwinden lassen, was nicht fest mit dem Boden verschraubt war, und in den Wirtshäusern, in denen er kannte, war das Zinngefäß, aus dem er trank, immer an die Theke gekettet. Er hatte etwas von meiner eigenen weltfremden Natur und hätte wahrscheinlich den Rest genommen, wenn er es gewollt hätte. Eines Tages ließ er in Ascot die Uhr eines Fremden verschwinden. Als er kam, um sein neu erworbenes Anwesen zu begutachten, stellte er enttäuscht fest, dass es sich bei der Uhr um eine amerikanische Everbright-Uhr im Wert von vier und sechs Pennys handelte – „ Ist falsch, Tag und Nacht." Er war im Begriff, sie wegzuwerfen, als ihm der freundliche Gedanke kam, dass der Fremde dieser Uhr vielleicht einen sentimentalen Wert beimaß; Tatsächlich schien es keinen anderen möglichen Grund zu geben, es zu tragen. Sunstar beschloss, die Uhr wieder in die

Tasche des Fremden zu stecken. Er tat sein Bestes, war aber weitaus erfahrener im Entfernen als im Ersetzen. Der Fremde – ein massiger, feiger Rohling – hat meinen Bruder mit der Hand in der Tasche erwischt und den Altruismus seiner Beweggründe nicht verstanden, und deshalb geht der arme Sunnie ein wenig lahm.

Er ist derzeit nicht bei uns. Er hatte eine ganze Reihe von Dingen verschwinden lassen, und eine zensierte Welt neigt immer dazu, nach dem Verschwindenlassen zu urteilen. Es wurde für meinen Bruder sinnvoll – und sogar notwendig –, sich verschwinden zu lassen, und er tat es.

Der zweite Auszug, wie es im Film heißt, folgt unmittelbar.

Zweiter Auszug

Überschwängliche Jugend

Ich habe die schönen Seiten der Autobiographie meines großen Beispiels studiert – im Folgenden GE genannt. Es ist wunderbar, Woche für Woche zum niedrigen Preis von zwei Pence in den Kreis der Auserwählten aufgenommen zu werden . Ich habe mehr bezahlt, um die Bilder zu sehen.

Angesichts des Preises sollte man nicht meckern. Die GE sagt in einem Auszug, dass sie bis auf vier alle Freundinnen verloren hat, die sie jemals hatte. In einem anschließenden Auszug nennt sie sechs Frauen, deren Freundschaft ihr seit ihrer Kindheit liebevoll und treu geblieben ist. Sie spricht von einer vierzeiligen Strophe als Couplet. Sie wirft einem großen Mann der Wissenschaft eine „blasphemische Tirade" vor, die sicherlich nie eine solche geäußert hat. Sie sagt, dass sie ein Jahr nach seinem Tod ein Gespräch mit Lord Salisbury über die Finanzkontroverse geführt habe, an dem er sich nicht beteiligte. Aber warum sollte man wegen solchen Kleinigkeiten so viel Aufhebens machen? Wenn Sie im Bett mit einer Geschwindigkeit von tausend Wörtern pro Stunde schreiben, passieren mit Sicherheit Unfälle.

Aber es gibt nur einen Satz des GE, der mir Sorgen bereitet und mich nachts wach hält. Hier ist es – lesen Sie es sorgfältig durch:

„Ich trug die kürzesten Tweedröcke, Knickerbocker aus dem gleichen Stoff, Stiefel, einen Überzug und einen bunten Schal um meinen Kopf."

Und alles auch sehr schön, keine Frage. Aber bedenken Sie das gewaltige Problem, das damit verbunden ist.

Sie sagt nicht, dass Rock und Knickerbocker *aus dem gleichen Stoff gefertigt seien* . Wenn sie es getan hätte, hätte ich es verstehen können, und mein natürliches Feingefühl hätte mich für immer von der geringsten Anspielung auf das Thema abgehalten.

Sie sagt jedoch, dass der Rock und die Knickerbocker *aus dem gleichen Stoff gefertigt seien* . Das ist etwas ganz anderes und bringt schreckliche Komplikationen mit sich.

Erstens muss es bedeuten, dass die Knickerbocker aus dem Rock gefertigt wurden. Nun, es kann sein, dass von diesem farbigen Schal überschüssiges Material vorhanden war , und das kann ich nicht sagen. Aber zweitens muss es auch bedeuten, dass der Rock aus der Knickerbockerhose gefertigt wurde. Oh, Hilfe!

Nein, das lehne ich entschieden ab. Ich werde kein weiteres Wort sagen. Es gibt Grenzen. Nur ein tiefgründiger Theologe mit einer Vorliebe für die hintergründigeren Feinheiten obskurer Häresien könnte dem gerecht werden.

Alles ändern, bitte. Der nächste Programmpunkt wird ein prägnanter Bericht über meine überschwängliche Kindheit sein.

Ich kann nicht sagen, dass ich Warren, meinen Stammsitz, geliebt habe. Die Nachbarn nannten es „Warren", aber ich weiß nicht, warum. Die Post sagte, es sei Nr. 4, Catley Mews, Kentish Town, und lieber Papa – der immer das *Motiv hatte juste* – sagte manchmal, dass es die Hölle sei.

Wir waren eine übermütige Familie mit klaren Persönlichkeiten, durchdringenden Stimmen, aufbrausendem Temperament, hoher nervöser Anspannung und kleinen Füßen. Wünschst du dir nicht, du wärst so?

Allerdings gab es nur die vier Räume über dem Stall. Manchmal waren wir fünfzehn oder sechzehn zu Hause, und auch der Untermieter – ich werde gleich von ihm sprechen. Und wenn es gleichzeitig fünf persönliche Streitereien, ein Baby, die Wäsche der Familie, eine Nähmaschine, drei Mundharmonikas, gebratenen Speck und einen ernsthaften politischen Streit in einem eingeschränkten Lokal gibt, muss etwas verschwinden. In der Regel ging lieber Papa. Er würde zum Regent's Park aufbrechen und in der altmodischen Ruhe des Papageienhauses im Zoo Ruhe finden.

Aber es gibt immer Platz an der Spitze – es ist eine Überzeugung, nach der ich immer gehandelt habe. Wenn ich mich in der Atmosphäre des Warren zu eingeengt und erstickt fühlte, kletterte ich auf das Dach. Dort, nur mit meinem Nachthemd, Tennisschuhen und dem Mondlicht bekleidet, tanzte ich hektisch. Die Fliesen lösten sich unter meinem hauchdünnen Profil und schwappten, begleitet von Abschnitten der Dachrinne, auf die Straße darunter und trafen auf alle möglichen lustigen Dinge. Ich glaube, dass sich einige der lustigen Dinge beschwert haben. Ich weiß, dass die Polizei gerufen hat, und ich erinnere mich an einen ziemlich unangenehmen Brief des Maklers des Vermieters. Ich hatte ein langes Interview mit Mama zu diesem Thema. Sie wies mich darauf hin, dass ich, wenn ich ausrutschte und hinfiel, wahrscheinlich eine böse Delle in den Asphalt hinterlassen würde, und unter vielen Tränen versprach ich, die Praxis aufzugeben.

Ich bin früher auf der Heide gefahren, wenn ich die Gelegenheit dazu hatte, aber ich kann nicht behaupten, dass ich dem Standard des GE entsprach. Ich glaube nicht, dass ich jemals eine Treppe hinaufgefahren bin. Ich habe mein Pferd auf keinen Fall auf den Marmorboden der Halle des Warren geworfen. Dafür gab es mehrere Gründe. Erstens hatte das Warren keinen Saal, und wenn es einen Saal gehabt hätte, hätte der Saal keinen Marmorboden gehabt.

Zweitens waren die Pferde, die ich ritt, wahrscheinlich wieder gefragt, da es sich tatsächlich um die Ponys handelte, die ahnungslose Händler in Catley Mews untergebracht hatten. Bogey Nutter kümmerte sich um sie, und ich konnte mit Bogey immer machen, was ich wollte. Er war vielleicht der großzügigste Antragsteller, den ich je getroffen habe. Früher machte er mir immer einmal am Tag und an Feiertagen zweimal einen Heiratsantrag. Ich war so ein schneidiges, attraktives Wesen, was?

Was meine Ausbildung betrifft, hängt viel davon ab, was man unter Bildung versteht. Die Sorte, die in der Bezirksratssitzung ausgeschüttet wurde, hatte bei mir wenig Eindruck. Aber ich konnte ziemlich schnell rechnen und wusste, dass eine Investition von einer halben Krone bei elf zu acht mir einen Gewinn von drei und fünf einbringen würde – vorausgesetzt, das Pferd gewinnt und der Mann beim Fischhändler um die Ecke zahlt hoch. Mein Bruder Lemberg hatte das gleiche Talent. Wenn er eine Packung Zigaretten kaufte und mit einem Zehn-Schilling-Schein bezahlte, konnte er das Wechselgeld immer so aushandeln, dass er neun Pence für sich verdiente und die Zigaretten hineingeworfen bekam. Sein einziger Fehler bestand darin, dass er es zweimal im selben Laden zu versuchen versuchte , aber die Narbe über seinem rechten Auge ist jetzt kaum noch zu sehen. Eine scharfkantige Tabakdose war ohnehin nicht das Ding, mit dem er ihn getroffen hätte.

Behandeln Sie einen Mangel aus autobiografischen Gründen immer wie ein Geschenk. Die Generalsekretärin war offenbar ein Dummkopf im Rechnen, aber sie sagt es einem auf eine Weise, die einen dazu bringt, sie dafür zu bewundern. Trotzdem wünschte ich, ich wäre eine dieser Fabrikmädchen gewesen, die sie in der Essensstunde zu sich geholt hatte; Ich bin grundsätzlich ehrlich, aber ich durfte mir keine Chance entgehen lassen, wenn sie mir geboten wurde.

Meine Tanzausbildung verlief unregelmäßig, da dieser schmierige Italiener nicht jede Woche sein Klavier herumrollte. Allerdings habe ich mir genug Fähigkeiten angeeignet, um Aufmerksamkeit zu erregen, und das ist das Tolle im Leben. Der Italiener bot mir zwei Pence pro Tag an, um mit ihm auf seine Runde zu gehen und zu tanzen, während er die Klinke drehte. Ich habe Signor Hokey-pokey erzählt, was ich von dem Angebot halte, und ich habe ein gewisses Talent für Sprache, wenn nicht sogar für Sprachen. Da er mich nicht bekommen konnte, tat er das Nächstbeste und kaufte einen Affen.

Ich war bei weitem der spirituellste in der Familie. Aber mein Bruder Minoru besuchte regelmäßig die Kapelle, bis man aufhörte, die Opfergaben in offenen Tellern abzuholen, und stattdessen verschlossene Kästen mit einem Schlitz darin einsetzte. Er fand eine andere Kapelle, die vielversprechender schien, besuchte sie aber nur einmal. Ich werde immer bedenken, dass der

Polizist unnötig grob zu ihm war, denn Minoru sagte deutlich, dass er ruhig gehen würde.

Meine Schwestern und ich hatten eine fast unglaubliche Faszination für das andere Geschlecht. Früher veranstalteten wir jede Woche einen Vorschlagswettbewerb; Jeder von uns gab Sixpence ein, und das Mädchen, das die meisten Vorschläge bekam, nahm den Pool. Casey oder ich haben im Allgemeinen gewonnen. Dann erlebte ich eine Woche lang auf der Heide das jährliche Bohnenfest des Pottey Asylum für Schwachsinnige und gewann mit einer Punktzahl von hundertsieben, und ich glaube, die anderen sagten, es sei nicht fair. Die Wettbewerbe wurden jedenfalls eingestellt.

Es ist wirklich schwer zu erklären, wie unser Untermieter meine Schwestern und mich mit seiner völligen Unaufmerksamkeit belästigt hat. Jeder hätte denken können, dass er nicht wusste, dass wir dort waren. Während die Angebotswettbewerbe liefen, hielt es keiner von uns für sinnvoll, Zeit mit dem Mann zu verschwenden. In anderen Bereichen könnten wir für das gleiche Maß an Faszination eine bessere Rendite erzielen. Später dachte ich, dass vielleicht seine Beschäftigung im Milchhandel der Grund für seine außerordentliche Milde sein könnte und dass es nett wäre, ihm ein wenig Mut zu machen.

Normalerweise ging er sonntagmorgens spazieren, und eines Sonntags sagte ich, dass ich ihn begleiten würde.

„Besser nicht“, sagte er. „Sieht für mich nach Regen aus.“

„Aber du hast einen Regenschirm“, betonte ich.

„Aye“, sagte er, „und wenn zwei Leute sich einen Regenschirm teilen, bekommen beide alle Tropfen davon ab, aber keinen Schutz.“ Nimm dir ein schönes Buch und lies ein bisschen.“

"Nein ich sagte. „Ich komme mit, und obwohl Schaltjahr ist, verspreche ich auf jeden Fall, dir keinen Heiratsantrag zu machen.“

„Nun“, sagte er, „das macht einen Unterschied.“

Ich legte meinen Arm fröhlich und vertraulich in seinen und er löste sich sofort. Gemeinsam gingen wir weiter in die Heide.

„Ein Handleser erzählte mir einmal“, sagte ich, „dass ich eine geheimnisvolle und magnetische Anziehungskraft auf Männer ausübe.“

„Diese Palmisten werden alles sagen“, sagte er. „Eigentlich ist es genau umgekehrt.“

„Vielleicht", sagte ich. „Ich weiß, dass ich eine unbegrenzte Fähigkeit zur Liebe habe – und niemand scheint sie zu wollen."

„Ah", sagte er, „es ist schade, dass man mit einem verderblichen Artikel überfüllt ist." Es bedeutet, sich ratlos davon zu trennen."

Was könnte ich zu so einem Unmenschen sagen? Und ich hatte niemanden da, der mich beschützte.

„Ich wünschte", sagte ich, „dass du nachschauen würdest, wenn ich eine Fliege im Auge hätte."

„Wenn du es getan hättest, wüsstest du es", antwortete er. „Dafür sorgt die Fliege."

Es vergingen einige Minuten, bis ich ihn bat, mir die Schnürsenkel zuzubinden.

Er schaute nach unten und sagte, dass es nicht rückgängig gemacht worden sei.

Ich habe mich einfach umgedreht und ihn verlassen, ich hatte nicht vor, dort zu bleiben und mich beleidigen zu lassen.

Er muss sich jedoch geschämt haben, denn zwei Tage später vermietete er seinen Teil der Etage in einem der Zimmer im Warren an eine irische Familie. Wenn er sich nicht schämte, hatte er Angst.

Doch seltsamerweise hat dieses feige Tier meine Zukunft geprägt .

Der Zustrom der irischen Familie in den Warren vertrieb mich daraus. Dadurch spürte ich die absolute Notwendigkeit einer größeren Sphäre.

Als ich das Haus verließ, nahm ich eine unbestimmte Stelle in einer Pension in Bayswater an. Auf jeden Fall wurden mein Lohn und meine Verpflegung festgelegt, nicht aber meine Arbeitsstunden.

Eine Pension ist eine Ansammlung von Leuten, die hierhergekommen sind. Die Besitzerin hätte nie gedacht, dass sie ihren Lebensunterhalt auf diese Weise selbst verdienen müsste – obwohl sie schon in der ersten Woche alles mit absoluter Sicherheit hinbekommt. Dann haben Sie im Salon Militärleute, die gedonnert haben, die begrüßt, respektiert und abgelöst wurden. Und niemand kann schlechtere Kleidung besser aussehen lassen. Der Koch erklärt, warum sie nicht am Grosvenor Square ist, und der ältere Schweizer Kellner sagt, dass er an Orten war, an denen das Tempo nicht gerade gut war . Wenn Sie auf der Suche nach einer Depression sind, versuchen Sie es in einer Pension.

Ich blieb eine Woche dort und sagte dann, dass ich gehen würde. Die Dame sagte, sie kenne das Gesetz und ich könne es nicht. Also sagte ich, ich würde bleiben, und bedauerte, dass mein Nervenzustand eine Menge Brüche mit sich bringen würde.

Ich bin am Ende der Woche abgereist.

Dritter Auszug

GLADSTONE – MR. LLOYD GEORGE – INMEMORISON – DR. BENGER HORLICK.

Danach erlebte ich eine lange Abfolge unterschiedlicher Situationen. Es ist für ein Mädchen möglich, in einer Woche die Arbeit in jedem Zweig des häuslichen Dienstes zu erlernen, wenn sie dies wünscht, mit Ausnahme der Arbeit einer Köchin oder eines Hausmädchens. Aber es ist durchaus möglich, eine Situation als Koch anzunehmen und beizubehalten, ohne etwas Nennenswertes über die Arbeit zu wissen. Tausende Frauen haben es getan und tun es immer noch. Ich war nie als Hausmädchen dabei – ich mag Vertrautheit nicht –, aber mit dieser Ausnahme spielte ich sozusagen jedes Instrument im Orchester.

Ich habe mir einen hervorragenden Bestand an Erfahrungsberichten angeeignet, von denen einige echt waren. Die anderen waren dem gütigen Herzen und der lebhaften Fantasie meiner Schwester Casey, jetzt Mrs. Morgenstein , zu verdanken .

Ich habe meine Plätze selten behalten und auch nie meine Freunde. Das Einzige, was ich führte, war ein Tagebuch. Ein Tagebuch ist ein Beweis. Wenn Sie also auf diesen Seiten etwas über jemanden sehen, können Sie es ohne zu zögern glauben. Mach bitte. Sie sehen, wenn Sie zögern, werden Sie es vielleicht nie glauben.

Ich erinnere mich noch gut an das erste und einzige Mal, als ich Gladstone traf. Ich wohnte damals bei Lady Bilberry in ihrem Haus in der Half Moon Street. Sie war eine Frau mit echtem Charme und Witz, aber etwas gereizt. Die meisten Menschen, die ich getroffen habe, waren gereizt oder wurden es, und ich weiß nicht, warum. Ich muss hinzufügen, dass ich nur deshalb ausgeblieben bin, weil zu viel erwartet wurde. Außerdem hatte man mir gesagt, dass es einen Jungen für die harte Arbeit gäbe, aber das gab es nie.

Aber zurück zu Gladstone. Ich habe jedes wertvolle Wort meines damaligen Gesprächs mit ihm niedergeschrieben, und der eifrige und aufgeregte Leser kann es jetzt vollständig lesen.

GLADSTONE : Lady Bilberry zu Hause?

MARGE : Ja, Sir.

GLADSTONE : Danke.

MARGE : Welchen Namen bitte?

Er nannte mir seinen Namen ganz einfach, ohne jegliche Unhöflichkeit oder Scherzhaftigkeit. Ich würde sagen, dass dies typisch für den gesamten Charakter des Mannes war. Mit einer schönen und sorgfältigen Höflichkeit nahm er seinen Hut – keinen besonders guten Hut – ab, als er das Haus betrat. Aufgrund der Leichtigkeit, mit der er dies tat, hatte ich den Eindruck , dass diese Praxis bei ihm zur Gewohnheit geworden sein musste.

Das Einzige, was diese geschätzte Erinnerung trübt, ist die Tatsache, dass es sich weder um den Gladstone handelte, den Sie meinen, noch um einen seiner Verwandten, sondern um einen Herrn mit demselben Namen, der angerufen hatte, um zu sehen, ob er Ihre Ladyschaft für einen Plan zur Genesung einiger Menschen interessieren könnte vergrabener Schatz. Er blieb nicht lange und Lady Bilberry meinte, ich hätte es besser wissen sollen.

Ungefähr zu dieser Zeit erhielt ich per Post eine Reihe von Versen, die in ihrer senilen Lebhaftigkeit den Versen, die der echte Gladstone an mein berühmtes Beispiel autobiografischer Kunst richtete, durchaus ähneln. Die Verse, die ich erhielt, waren anonym, und tatsächlich lautete der Poststempel auf dem Umschlag Beaconsfield. Trotzdem weiß man nie, oder?

MARGE.

Wenn Pentonville vorbei ist und die Freilassung kommt,
mit vielleicht einjähriger Aufsicht durch die Polizei , mag
Ihr Verlangen groß sein, alle Ihre Freunde zu treffen,
aber machen Sie eine Ausnahme und fragen Sie Marge nicht.

Sie sind Aspasia, Pavlova, Tom Sayers, Tod Sloan,
Spinoza und Barnum und Mrs. Chapone ;
Für einen Kerl, der gerade erst entlassen wurde,
ist sie ein ziemlich umwerfender Flickenteppich, das ist Marge.

Egal, egal, du musst langsam vorgehen.
Ein Abschnitt pro Jahr ist das Beste, was du wissen kannst;

Wenn Sie ein Leben lang studieren, werden Sie auf dem Kahn
von Charon mit der wahnsinnig vielfältigen Marge scherzen.

Übrigens muss jedes Mal, wenn wir das Haus wechseln, ein spezielles Pantechnikon engagiert werden, um alle Komplimentenverse aufzunehmen, die von Zeit zu Zeit an mich gerichtet wurden. Irgendwie muss es irgendetwas an mir sein, meinst du nicht auch?

Ich kann nicht behaupten, dass ich mit Herrn Lloyd George die gleichen Bedingungen einer innigen Freundschaft hatte. Ich habe nur einmal mit ihm gesprochen.

Es war, als wir in der Downing Street waren. Wir waren ziemlich zahlreich da und es war ein Abend voll überschwänglichem und rosigem Patriotismus. Ich schaute zum Fenster von Nr. 10 hinauf und sagte so laut ich konnte:

„Lloyd George! Lloyd George!"

Die meisten anderen in der Menge sagten dasselbe mit der gleichen Eindringlichkeit. Dann kam ein ungebildeter Polizist auf mich zu und bat mich, bitte vorbeizukommen, und fügte hinzu, dass Mr. Lloyd George nicht in London sei. Als ich also einfach antwortete: „Alles klar, Gesicht", sagte ich erfreut weiter .

Doch trotz allem, was mich so eng mit der großen politischen Welt verband, konnte ich nicht umhin, die Ansprüche der Literatur zu spüren. Ich reagiere sensibel auf jede Reklamation. Es ist zum Beispiel der Anspruch der Geschichte, der mich dazu zwingt, meine Autobiografie zu schreiben. Ich scheine um mich herum tausende menschliche Künste und Aktivitäten zu sehen, die nach meiner Hilfe und meinem Interesse schreien. Sie scheinen zu sagen: „Marge, Marge, mehr Marge!" in den Worten, die Goethe selbst verwendet haben könnte. Und wann immer ich den Ruf höre, muss ich mich hingeben.

Ich bezweifle, dass jemals ein Mädchen so viel verraten hat wie ich.

Eines Tages im November traf ich Chummie Popbright in der Nähe des Cambridge Circus. Er war ein Mann mit sehr wenig *Lebensfreude* , *Ventre à Terre* oder *Korpsgeist* . Er hatte blondes Haar und keine Manieren und mochte mich sehr, sehr gern. Er hatte eine Stelle bei der Post inne und war gerade dabei, einen Briefkasten auszuleeren, als ich ihn traf. Ich zeichne das Gespräch auf.

CHUMMIE : Gesegnet, wenn es nicht Marge ist! Und was wünschen Sie sich als Weihnachtsgeschenk?

MARGE : Ich möchte etwa eine Woche im Haus des großen Dichters Lord Inmemorison verbringen . Wenn Sie mir wirklich gefallen wollen, werden Sie Ihren Einfluss nutzen, um mir dort einen Job zu verschaffen. Da Ihr Onkel der Butler von Inmemorison ist , sollten Sie in der Lage sein, damit umzugehen.

CHUMMIE : Könnte sein. Als was würdest du gehen?

MARGE : Alles – außer vorübergehendes Stubenmädchen ist meine Stärke.

CHUMMIE : Und was ist dein Spiel?

MARGE : Ich habe es satt, Politiker zu bevormunden und möchte einen Dichter bevormunden. Alles in allem ist Inmemorison ein echter diplomierter Dichter. Außerdem möchte ich etwas für meine verregnete Autobiografie zurücklegen.

CHUMMIE : Na ja. Ich werde versuchen, ein Rohr dafür zu verlegen. Kann sich lösen oder auch nicht.

Chummie hat die Sache perfekt hinbekommen. Meine Schwester Casey schrieb mir einen der besten Erfahrungsberichte, die ich je hatte, und zu Weihnachten war ich eine Woche lang sicher dort untergebracht. Chummies Onkel behandelte mich mit größter Rücksichtnahme, und ihm verdanke ich viele der spannenden Details, die ich nun dem keuchenden Publikum präsentieren kann. Obwohl es im Wohnzimmer einen hohen Lederschirm gab, der mir gelegentlich nützlich war, waren meine Möglichkeiten zur direkten Beobachtung begrenzt.

Lord Inmemorison besaß ein prächtiges Doppelhaus (einschließlich Badezimmer, H. und C.) in einem der wildesten und einsamsten Teile von Wandsworth Common. Die raue Schönheit der umliegenden Landschaft spiegelt sich in vielen seiner Gedichte wider.

Wie zu erwarten war, kam es im Haushalt mehrfach zu Abweichungen von den üblichen Sitten. Das Abendessen gab es um sieben. Der Dichter ging sofort nach dem Abendessen zu Bett, erschien pünktlich um zehn wieder im Wohnzimmer und begann, seine Gedichte laut vorzulesen.

Die Familie ging in der Regel um Punkt zehn ins Bett.

Ich hörte ihn einmal lesen. Es waren Besucher im Haus, die den großen Mann hören wollten, und es war nach Mitternacht, bevor ein allgemeiner Rückzug stattfinden konnte. Er hatte eine satte, sonore, übertriebene Vorkriegsstimme, eine erhebliche Gereiztheit und ein hübsches Mädchen, das auf seinem Knie saß. Der letzte Punkt war natürlich ein Beispiel für poetische Freiheit .

Das Mädchen hatte ihn gebeten, aus „Maud“ vorzulesen, und er hatte zugestimmt. Er begann mit so leiser Stimme, dass ich in meiner Position hinter der Leinwand gerade noch die ersten Zeilen verstehen konnte:

„Heil dir, fröhlicher Geist!
Vogel, du warst nie wert ...“

Als er zum Durchgang kam, öffnete er den Gashebel etwas weiter:

„Sein Kopf war nackt, sein verfilztes Haar
war im Sand vergraben."

Er las, dass die letzte Zeile „in der Band feststeckte", korrigierte sich aber sofort. Und die ergreifende, eindringliche Wiederholung der letzten Zeilen der Schlussstrophe wurde auf der vollen Orgel vorgetragen:

„Und überall, wo Maria hinging –
Und überall, wo Maria hinging –
Und überall, wo Maria hinging –
Das Lamm würde mit Sicherheit gehen."

Es war eine großartige, wundervolle Erfahrung für mich, und ich werde sie nie vergessen.

Ich habe von seiner Reizbarkeit gesprochen. Das ist bei einem großen Dichter nicht unnatürlich. Er muss damit leben, dass seine hervorragenden sensiblen Nerven so stark angespannt sind, dass jeden Moment etwas nachgeben kann.

So saß er beispielsweise eines Abends mit einem Mädchen auf seinem Knie und hatte ihr gerade diese bezaubernden Zeilen vorgelesen, in denen er vom Hören des Kuckucksrufs erzählt.

INMEMORISON (*schroff und plötzlich*): Welcher Vogel sagt Kuckuck?

MÄDCHEN (*mit äußerster nervöser Erregung*): Das Kaninchen.

INMEMORISON : Nein, du Narr – es ist die Nachtigall.

Das Mädchen brach in Tränen aus und sagte, sie würde nicht mehr spielen . Ich denke, sie hatte Unrecht. Wann immer ich Kritik an mir selbst höre , nehme ich sie immer sanftmütig und sanft auf, ob sie richtig oder falsch ist – sie war noch nie richtig – und versuche herauszufinden, ob ich daraus nicht etwas lernen kann. Das Mädchen hätte sagen sollen: „Jetzt bist du an der Reihe, rauszugehen, und wir werden uns etwas einfallen lassen."

Eine andere Gelegenheit, bei der Inmemorison vielleicht verzeihlichererweise verärgerter war, war, als ein junger Student ihn bat, eines seiner Gedichte vorzulesen.

"Welche?" sagte Inmemorison .

Mir wurde gesagt, dass die dreißig Sekunden absoluter Stille, die auf diese Frage folgten, wie eine Ewigkeit schienen und dass die Qual im Gesicht des jungen Mannes aischylischer Natur war. Eine genaue Antwort auf die Frage wusste er nicht.

"Welche?" wiederholte Inmemorison , wie das Dröhnen einer großen Glocke bei der Beerdigung eines jungen Mannes.

Der junge Mann machte einen wilden und falsch eingeschätzten Versuch und verfehlte das Ziel genau.

„Nun", sagte er, „einer meiner größten Favoriten ist natürlich , Kissingcup's Race'."

„Tatsächlich?" sagte der Dichter. „Wenn Sie beim Verlassen des Hauses nach links abbiegen, gelangen Sie durch die zweite Möglichkeit auf der rechten Seite direkt zum Bahnhof."

Der junge Mann hat es nie vergeben. Und so wurde mir immer gesagt, dass die erste Browning Society gegründet wurde.

Es war ein Treffen mit diesem Studenten – rein zufällig meinerseits – im romantischen Garten des Hauses des Dichters, das meine Gedanken zum ersten Mal auf die Universitätsstadt Oxbridge lenkte. Ich hatte keine Schwierigkeiten, dort eine Anstellung als Kellnerin in einem Restaurant zu finden, in dem Kenntnisse über das Geschäft weniger wichtig waren als ein schlagfertiges Auftreten und eine Gabe, um die Jugend unseres großen Adels an ihrem Platz zu halten. Es dauerte nicht lange, bis ich eine ganze Reihe von Studenten kennenlernte. Einige von ihnen hatten eine ausgeprägte Tendenz zur Schnelligkeit, lernten aber bald, dass die Regulierung des Tempos bei mir bleiben würde.

Eines Sonntagmorgens hatte ich zugestimmt, mit einem meiner jungen Bewunderer spazieren zu gehen – einem netten Jungen mit mehr Nerven, als ich jemals bei einem anderen Menschen außer mir selbst vorgefunden habe. Durch Zufall trafen wir auf den Dekan seiner Hochschule. Der Dekan blieb mit einer ungewöhnlichen Herablassung – wofür es möglicherweise einen Grund gab – stehen, um mit meiner Begleiterin zu sprechen, die mir den Dekan ohne das geringste Zögern als seine Schwester vorstellte.

Das war mein erstes Treffen mit Dr. Benger Horlick, dem berühmten Dekan von Belial.

Noch nie war ich bei einem gesellschaftlichen Anlass ratlos. Je schwieriger und dramatischer es ist, desto mehr genieße ich seine heikle Handhabung. Ich konnte die behauptete Beziehung nicht leugnen, ohne meinen jungen Freund einzubeziehen. Die einzige Alternative bestand darin, dem gerecht zu werden, und ich habe mitgehalten. Den perfekten Umgang mit alten Männern verstehen junge Mädchen am besten.

Ich erzählte ihm, dass ich bei Mama wohne, und erwähnte ein geeignetes Hotel. Ich fügte hinzu, dass es mir so leid tat, dass ich an diesem Nachmittag in die Stadt zurückkehren musste, da ich begonnen hatte, die schulische Ruhe von Oxbridge zu lieben und die Gelegenheit, mich kennenzulernen, so sehr schätze seine größten Männer. Ich war aufgeweckt und hatte eine gewisse Poesie, und jede Scheu – wenn ich diesen Ausdruck gebrauchen darf – traf mich ins Schwarze. Manchmal warf ich einen Blick auf Willie, meinen Pseudobruder. Sein Gesicht zuckte ein wenig, aber er gab seinen Gefühlen nie wirklich nach. Der Dekan schenkte ihm keine große Aufmerksamkeit mehr.

Etwa eine Viertelstunde lang schlenderte der Dekan mit uns. Zum Abschied hielt er meine Hand – eine Minute länger als unbedingt nötig – und sagte:

„Du hast mich – ähm – sehr interessiert. Darf ich hoffen, dass Sie, wenn Sie zurück am Grosvenor Square sind, manchmal ein paar Momente aus den modischen Kreisen, in denen Sie sich bewegen, herausnehmen und mir schreiben werden?"

mir eine große Ehre wäre, dies tun zu dürfen.

„Ich hoffe", fügte er hinzu, „dass Sie Oxbridge wieder besuchen und dann eine Bekanntschaft erneuern, die zwar zufällig entstanden ist, mich aber dennoch – ähm – sehr beeindruckt hat."

Nach seiner Abreise wurde Willie komisch und ich wurde sehr wütend auf ihn. Er beharrte darauf, dass alles in Ordnung sei. Ich hatte eine gute Leistung gezeigt und musste sie nur fortsetzen. Der Dekan würde mir zweifellos am Grosvenor Square schreiben, und Willie versicherte mir, dass er den Butler seines Vaters an einer Schnur hatte und dass der Butler die Briefe sortierte. Ich würde die Briefe des Dekans an jede Adresse erhalten, die ich ihm geben würde, und auf dem Briefpapier am Grosvenor Square antworten.

„Ich habe Stücke davon in einer Schreibmappe in meinem Zimmer", sagte er, „und ich schicke sie dir vorbei."

Dem musste ich zustimmen. Am nächsten Tag machte ich mich jedoch auf den Weg nach London, etwas zur Enttäuschung des Restaurants, das ich dekorierte, und noch mehr zur Enttäuschung von Willie. Aber wie ich ihm schrieb, hatte er es selbst verursacht. Ich konnte das Risiko einer weiteren zufälligen Begegnung mit Dr. Benger Horlick nicht eingehen.

Tatsächlich haben wir uns auch nie wieder getroffen. Aber drei Jahre lang korrespondierten wir regelmäßig; Es war eine schwierige Angelegenheit auf dünnem Eis, aber ich habe es geschafft.

Zweifellos wurde mir die Aufgabe dadurch erleichtert, dass der Dekan ein außergewöhnlich einfältiger Mann war. Die Ehrfurcht vor der Aristokratie war bei ihm fast zu einer Religion geworden. Als er mit der Aristokratie in Kontakt kam – oder glaubte, dass er dazu gebracht wurde –, geriet seine intellektuelle Vision in einen Zustand der Ekstase. Snob? Oh, mein Gott, nein! Natürlich nicht. Was kann Sie dazu gebracht haben, das zu denken? Es lag einfach daran, dass die Aristokratie ihn genauso anzog wie die Romantik – er befand sich außerhalb der Aristokratie, mochte es aber, aus der Nähe zu sehen.

Die GE stellte fest, dass Briefe, so entzückend sie auch sein mochten, sie langweilten, wenn sie über eine Biografie verstreut waren. Aus diesem Grund gab sie insgesamt einen Satz Briefe ab. Ich verstehe selbst nicht, warum eine Sache, die einen langweilt, wenn man nur wenig davon auf einmal bekommt, weniger langweilen sollte, wenn man viel davon bekommt. Aber entschlossen, meinem brillanten Vorbild mit einfachem Glauben und Demut zu folgen, füge ich nun Auszüge aus den Briefen bei, die ich von Dr. Benger Horlick erhalten habe.

„Ich wünschte, ich könnte Sie davon überzeugen, in Ihrer Sprache weniger präzise zu sein. Wenn Sie Ihre Meinung sagen, sollten Sie darauf achten, schön, aber unverständlich zu sein. Verpflichte dich zu nichts. Uns wurden Worte gegeben, um unsere Gedanken zu verbergen, und mit ein wenig Übung und Selbstdisziplin werden wir sie sogar vor uns selbst verbergen. Ein aufrichtiger Freund beschwerte sich einmal bei mir darüber, dass es ihm bei meiner Übersetzung aus dem Griechischen manchmal unmöglich war zu wissen, welche von zwei verschiedenen *Lektionen* ich übersetzte. Tatsächlich wusste ich es auch nicht, obwohl ich ihm das nicht sagte. Dies ist besonders nützlich, wenn man mit einer unhöflichen, herausfordernden, direkten Frage zu irgendeinem Punkt in Religion oder Politik konfrontiert wird; Ich antworte mit einem klangvollen und hoffentlich ausgewogenen Satz, aus dem die eigentliche Bedeutung sorgfältig herausgearbeitet wurde, und entkomme so im Nebel. In gewisser Hinsicht ist es in der Tat eine Gnade, dass die meisten Menschen zu feige oder zu beschämt sind, um zu sagen, dass sie es nicht verstanden haben. Doch wenn sie meine Leidenschaft für die Wahrheit hätten , wäre es vielleicht besser. Die Wahrheit ist für mich sehr wertvoll – manchmal zu wertvoll, um sie wegzugeben.

„Es ist gut von Ihnen zu sagen, dass Sie die vierzehn Seiten mit guten Ratschlägen nicht gelangweilt haben. Kann es sein, dass Sie sie nicht gelesen haben? Kein Dekan – und vielleicht auch kein Don –, der so lange wie ich in dieser bedeutungsvollen Position war, kann es nicht schaffen, ein ständiger Strom von Ratschlägen zu werden. Es ist der Erzfeind derer, die ihr ganzes Leben lang mit mehr Respekt behandelt wurden, als sie verdient haben. Ich bin die einzige Ausnahme, die ich kenne. Kind, warum nutzt du deine edlen Gaben nicht mehr zum Tanzen, zum Laientheater und zur allgemeinen Konversation? Und doch meckere ich nicht. Ich will nur sagen: Weißt du das nicht? Natürlich tun es sie alle – die Menschen in der großen Welt, zu der Sie und gelegentlich auch ich gehören. Aber da ist es doch, nicht wahr? Und du schreibst mir so beruhigende Vollmilchbriefe, in denen es nur ab und zu ein Haken gibt. Also segne dich, mein Kind. Ich vertraue darauf, dass der Bericht, der mir vorliegt, dass Sie mit dem Prinzen von Wales, Frau H. Ward, und einem Herrn Arthur Roberts nach Australien gehen, um Kängurus zu schießen, zumindest übertrieben ist. Obwohl ihr Aussehen so exzentrisch ist, dass es an Kriegsdienstverweigerer denken lässt, werden diese Beuteltiere – ich bin glaubhaft informiert – verzweifelt für die Verteidigung ihrer Jungen kämpfen. Wenn ich einen Vorschlag wagen darf, versuchen Sie es mit Kaninchen.

„Ich freue mich zu hören, dass Sie nicht der Autor der beiden Artikel sind, die die Gesellschaft angreifen. Die Tatsache, dass sie zufällig mit dem Namen einer anderen bekannten Dame unterschrieben waren, hatte mich für möglich gehalten, dass dies der Fall sein könnte. Gesellschaft? Es ist ein großes Geheimnis. Ich kann kaum daran denken, ohne meine Stiefel auszuziehen und mich orientalisch niederzuwerfen. Es zu kritisieren ist ein Fehler; es ist sogar, wenn ich einmal ein hartes Wort verwenden darf, subversiv. Es ist das einzige, das wir haben. Oh, still! Nur wenn wir mitten in der Nacht dem vertrauenswürdigsten Freund unter dem Siegel der Geheimhaltung zuflüstern, können wir daran denken, es zu kritisieren. Aber da ich das vielleicht wichtigste öffentliche Amt auf dem europäischen Kontinent, wenn nicht sogar auf der ganzen Welt innehabe und für das verantwortlich bin, was man den Lebensunterhalt der nächsten Generation nennen könnte, fühle ich mich dazu berufen Führen Sie eventuell erforderliche Reparaturen und Neudekorationen des Sozialgefüges durch. Sie können mit Ihrem universellen Einfluss, der – bis Einstein kommt – die einzig mögliche Erklärung für die Launen in der Umlaufbahn des Merkur sein wird, genauso viel oder fast genauso viel tun. Tu es. Aber sprich niemals darüber. Oh, still! (Entschuldigung – ich habe vergessen, dass ich das schon einmal erwähnt habe.)

„Als Antwort auf Ihre Anfrage: Ich habe ‚Robert Elsmere' nie gelesen, habe aber aus einer privaten Quelle erfahren, dass es vielen jungen Männern die Lektüre von ‚David Grieve' erspart hat." Ihre zweite Anfrage nach der Geliebten meiner ersten Jugend ist heftig – sehr heftig. Angenommen, Sie kümmern sich um Ihre eigenen Angelegenheiten."

Vierter Auszug

DIE SOHLEN

Ich weiß nicht, warum wir die Soles genannt wurden. Feinde sagten, das liege daran, dass wir flach, faul und ziemlich teuer seien.

Unser Ensemble bestand aus den oberen Bediensteten einiger der besten Häuser in Mayfair. Wenn ich jetzt zurückblicke, kann ich erkennen, dass keine vergleichbare Organisation jemals einen so enormen Einfluss hatte. Es lag vielleicht nicht ausschließlich an uns, dass die Schwerkraft umgekehrt proportional zum Quadrat der Entfernung variiert, aber wir haben uns zumindest damit abgefunden. Und was wir in der Innen- und Außenpolitik getan haben, hat man noch kaum geahnt.

Der Grund für unseren Einfluss liegt auf der Hand. Unser großer Anführer, James Arthur Bunting, war vielleicht der perfekteste Butler, den die Welt je gesehen hat; Seine großartige Präsenz, seine prunkvolle Stimme, sein exquisites Taktgefühl und sein umfassendes Wissen machten ihn unbezahlbar. Wir hatten andere Butler, die fast genauso schwer zu ersetzen gewesen wären. Wir hatten Köche, die mit einer Kette wunderbarer Abendessen ihre angeblichen Arbeitgeber an ihre Wagenräder fesselten. Nominell regierte das Parlament das Land, aber wir hatten nie Zweifel darüber, wer das Parlament regierte.

Um nur ein Beispiel zu nennen: die plötzliche *Kehrtwende* von Lord Baringstoke in der Home-Rule-Frage. Dies erregte damals großes Aufsehen und es wurden verschiedene Erklärungen dafür vorgeschlagen. Niemand hat die Wahrheit erraten. Tatsache ist, dass Herr Bunting seinen Rücktritt eingereicht hat.

Lord Baringstoke war sehr bekümmert. Eine Gehaltserhöhung wurde sofort vorgeschlagen und abgewiesen.

„Das ist es nicht, Mylord “, sagte Bunting. „Es ist eine Grundsatzfrage. Die geäußerten Ansichten Ihrer Lordschaft zu Irland sind, wenn ich das so sagen darf, nicht die Ansichten meiner Freunde und meiner selbst. Und zu diesem Thema empfinden wir tiefe Gefühle. Wenn ich mit diesem Unterschied beschäftigt wäre, könnte ich Eurer Lordschaft und mir selbst nicht mehr gerecht werden, wenn ich bliebe. Mein verwundetes und blutendes Herz –“

„Oh, kümmere dich nicht um dein blutendes Herz, Bunting“, sagte Baringstoke . „Verstehe ich, dass dies Ihr einziger Grund ist, gehen zu wollen?“

„Das ist so, Mylord .“

„Angenommen, ich würde meine Ansichten über Irland noch einmal überdenken und feststellen, dass sie tatsächlich das Gegenteil von dem sind, was ich zuvor angenommen hatte, dann würden Sie bleiben?"

„Mit sehr großer Freude."

„Dann solltest du in diesem Fall besser ein paar Tage warten. Ich neige zu der Annahme, dass alles arrangiert werden kann."

„Sehr gut, Mylord ."

Weniger als eine Woche später war Lord Baringstokes öffentlicher Widerruf das Gesprächsthema in London. In einer Rede von beachtlicher Beredsamkeit zeigte er, wie die gnadenlose Logik der Tatsachen seinen Intellekt überzeugt und sein Gewissen ihn gezwungen hatte, die Position aufzugeben, die er zuvor eingenommen hatte. Glücklicherweise kann man über Irland absolut alles beweisen. Es kommt lediglich darauf an, welche Fakten Sie auswählen und welche Sie unterdrücken.

Mr. Bunting ist, glaube ich, immer noch bei Lord Baringstoke . Dies war vielleicht einer der größten Triumphe der Soles. Es gab viele andere. Wir hatten unseren eigenen Geheimdienst, und ich möchte hier mit Respekt und Bewunderung den gallischen Einfallsreichtum von zwei der Soles, Monsieur Colbert und Monsieur Normand, bei der Rekonstruktion fragmentarischer Briefe aus den Papierkörben berühmter Persönlichkeiten anerkennen.

Natürlich mussten wir unter der Eifersucht und Bosheit derer leiden, die nicht gebeten worden waren, sich uns anzuschließen, und es verbreitete sich sogar das Gerücht , wir spielten Bridge für Sixpence und hundert. Darin war nichts Wahres. Es gab und gibt noch immer Glücksspielclubs unter den jüngeren Dienern im West-End, aber wir haben nie gespielt. Herrn Bunting hätte es überhaupt nicht gefallen. Wir meinten es ernst. Wir haben versucht, unseren Idealen gerecht zu werden, und einigen unserer Mitglieder gelang es tatsächlich, über ihr Einkommen hinaus zu leben. Unsere Hauptbeschäftigung waren Bleistiftspiele, die wir größtenteils selbst erfunden hatten.

In diesem Zusammenhang muss ich von einem eher traurigen Vorfall berichten. Einmal veranstalteten wir einen Wettbewerb, bei dem es darum ging, wer von uns das flachste und am wenigsten pointierte Epigramm in Reimform schreiben konnte. Der Preis für Männer bestand aus zwei übergroßen Havannah- Zigarren, die früher im Besitz von Lord Baringstoke waren und freundlicherweise von Herrn Bunting überreicht wurden.

Percy Binder, erster Lakai des Earl of Dilwater , war äußerst bestrebt, sich diesen Preis zu sichern. Als Thema seines Epigramms nahm er den plötzlichen Tod eines Mannes beim Aufstehen vom Gebet an. Das war so beklagenswert geschmacklos, dass er den Preis nicht gewann, aber sonst wäre er sicherlich seiner geworden. Seine vier Zeilen wären an ungeschickter und mühsamer Dummheit nicht zu übertreffen gewesen . Die letzten beiden liefen:

„Aber als er aufhörte, um Hilfe zu betteln,
brach ihm der listige Teufel das Bein.“

Und dann kam eine schreckliche Entdeckung. Percy Binder hatte diese Zeilen aus der Autobiografie meines eigenen GE geklaut. Sie sagt übrigens, dass ihr Autor „der letzte Verstand“ gewesen sei. Aber wie kann man bei einem Rennen, bei dem man nie startet, Letzter werden? Es ist immer sicher, zu sagen, was man denkt, aber manchmal ist es gefährlich, die Gründe dafür anzugeben.

Das ist allerdings ein Exkurs. Percy Binder wurde zu verstehen gegeben, dass wir ihn in Zukunft nicht mehr kennen würden. Herr Bunting war so verärgert, dass er den Wettbewerb für abgesagt erklärte und den Preis selbst rauchte. Er sagte hinterher, was ihn am meisten ärgerte, sei die Dummheit von Herrn Binders Idee, sein Plagiat würde unentdeckt bleiben.

„Er ist“, sagte Herr Bunting, „wie der dumme Strauß, der seine Eier in den Sand legt, um der Wachsamkeit seiner Verfolger zu entkommen.“

Eines unserer Bleistiftspiele hieß „Inverted Conundrums“ und wurde wie folgt gespielt. Eine Person gab die Antwort auf ein Rätsel und nannte ein Wort, das in der Frage verwendet werden sollte. Der Rest musste dann aufschreiben, was ihrer Meinung nach die Frage sein würde. Die Taubheit der lieben Violet Orpington hat dieses Spiel manchmal verdorben.

Ich hatte zum Beispiel einmal als Antwort „Bienenstock“ angegeben und gesagt, dass ein Wort in der Frage „richtig“ sei.

Die erste Frage, die ich vorlas, stammte von George Leghorn. Er hatte geschrieben: „Wenn eine Krankenschwester aus Cockney ein Kind korrigieren wollte, welches Insektenheim würde sie dann nennen?“ Dies wurde akzeptiert.

Die nächste Frage kam von Violet Orpington : „Wenn Sie noch nie zuvor einen ungezogenen Jungen korrigiert hätten, wo würden Sie ihn korrigieren?“

„Aber, Violet“, sagte ich, „die Antwort darauf konnte nicht ‚Bienenstock‘ lauten.“

„Oh“, sagte sie, „du hast doch ‚Bienenstock‘ gesagt, oder? Ich dachte, du hättest etwas anderes gesagt.“

Ich war nie in der Lage zu erraten, was ich ihrer Meinung nach gesagt hatte; und sie weigerte sich, es mir zu sagen.

Ein weiteres unserer Bleistiftspiele war Missing Rhymes. Einer von uns würde ein zweisilbiges Reimpaar schreiben – wir nannten es immer einen Vierzeiler, da es sich um ein höherklassiges Wort handelte – und der Reim in der zweiten Zeile wurde nicht wirklich angegeben, sondern nur angedeutet.

Ich selbst habe zum Beispiel folgendes kleines Sonett geschrieben:

„Ich verehre
nur eine Person, nämlich *dich* ." .

Für jeden Leser, der mit der französischen Sprache vertraut ist, mag dies fast zu einfach erscheinen, aber ich bezweifle, dass jemand, der keine Sprache außer Neugriechisch beherrscht, es erraten würde. Für die Uneingeweihten möchte ich hinzufügen, dass das französische Wort *je* „ mwor " ausgesprochen wird und somit den fehlenden Reim liefert.

Millie Wyandotte blamierte sich mit dem folgenden Text:

„Nach ihrem Tanz fiel Salome unter einem Knicks
und schockierte den Täufer mit ihrem Schrei ‚Bother!'"

Kaum hatte sie es vorgelesen, erhob sich Mr. Bunting an seiner Stelle und sagte ernst:

„Ich kann nur definitiv für mich selbst sprechen, aber ich bin fest davon überzeugt, dass alle Anwesenden, mit Ausnahme von Miss Wyandotte, zu viel Raffinesse haben, um den fehlenden Reim in diesem Fall richtig erraten zu können." Lauter und anhaltender Applaus.

George Livorno freute sich besonders über diese Bleistiftspiele, und ihm ist diese sehr geschickte Kombination von Lyrik und Akrostichon zu verdanken :

„Mein erster ist ein Mann und mein nächster eine Falle;
Mein Ganzes ist verboten, damit es keinen Ärger verursacht."

Die Antwort auf das Akrostichon ist „mantrap"; der fehlende Reim ist „Missgeschick". Die gesamte Lösung wurde von Popsie Bantam in etwas weniger als einer halben Stunde gegeben. Sie war ein sehr kluges Mädchen und heiratete später einen Mann der Garde (LNWR).

Herr Bunting, ein ziemlich starker Parteipolitiker, reichte eines Abends dieses kleine Triolet ein:

„Als der Große Krieg uns befahl, neue Waffen zu schmieden,
wem vertraute die Nation? „Das warst du, Asquith!“

Der fehlende Reim wurde sofort erraten, und zwar an zwei Stellen, wie die Auktionatoren sagen.

Bei unserem nächsten alle fünf Jahre stattfindenden Treffen hatte sich Nettie Menorca jedoch die folgende Gegenerwiderung ausgedacht:

„Wenn die Hand der Geschichte den aktuellen Mythos korrigiert,
wessen Namen wird sie bevorzugen? „Das gehört dir, Lloyd George.“

Ja, die liebe Nettie hatte eine verspätete Brillanz – den Witz der Treppe, nur noch mehr. Wir haben immer gesagt, dass Nettie wunderbare Dinge tun könnte, wenn ihr nur Zeit gegeben würde.

Letztendlich wurde ihr Zeit gegeben und sie tut es immer noch, aber das war in einem ganz anderen Zusammenhang. Sie schaltete eine Anzeige ein, in der es hieß, sie sei eine durch und durch gute Köchin. Erstklassige Referenzen. Acht Jahre in der gegenwärtigen Situation in Exeter und Weggang, weil die Familie ins Ausland ging. Geforderter Lohn: 36 £ pro Jahr. Kein Küchenmädchen erforderlich. Nicht weniger als zwölf Familien waren so sehr darauf bedacht, den Schatz zu erhalten, dass sie ihr die Rückfahrt zwischen Exeter und London und ihre Kosten anboten, um ein persönliches Gespräch mit ihr zu sichern. Sie sammelte den Pudel von allen zwölf ein. Und sie lebte zu dieser Zeit am Bryanstone Square. Sie ist jetzt für uns verloren.

Wie der liebe alte Percy Cochin, ebenfalls einer der Soles, einmal zu mir sagte: „Wir sind heute hier und am Ende unseres Monats gegangen.“

Violet Orpington hatte ein fesselndes Aussehen und ging auch eher wie ein Polizist. Ihr Haar war von kräftiger, roher Sienafarbe, und jeder Mann hätte mit ihr geschlafen, wenn sie nur ein Hörrohr getragen hätte. Sie ist das „zurücktretende Veilchen“ aus Vers sieben. [A] Millie Wyandotte war bösartig und unintelligent; In Weiß sah sie gut aus, war aber für meinen Geschmack zu kräftig gebaut. Als Beweis meiner Unparteilichkeit darf ich hinzufügen, dass sie den Tisch besser deckte als jede andere Frau, die ich je kannte; Tatsächlich gewann sie den ersten Preis bei einem Legewettbewerb. Nettie Menorca war „schwarz, aber hübsch“ und hatte spanisches Blut in ihren Adern. Sie ist die „Zigeunerin“, die in Vers eineinhalb erwähnt wird. Popsie Bantam war *zierlich* . Ihr Profil wurde bewundert, aber ich selbst fand es immer ein wenig schnabelig. Ich selbst war am wenigsten schön, aber am attraktivsten. Anspielungen auf mich finden sich in den Versen 1, 2, 3, 5, 6, 12–19, 24, 57–60, 74, 77, 87, 97 und 102–3468.

George Leghorn war ein Albino, aber seine Figur war sehr anmutig. Aus dem Beispiel, das ich bereits gegeben habe, kann man leicht glauben, dass sein Geist fluoreszierend, reinigend und vibrierend war. Später wurde er zu einer bekannten Persönlichkeit auf dem Rasen. Er erlangte ein beträchtliches Vermögen, indem er die Chancen legte; Seine Familie galt allesamt als gute Schichten.

Der liebe alte Peter Cochin war standhaft und wahrhaftig. Er erinnert mich an etwas, das mein berühmtes Modell über einen anderen Mann sagt. Sie sagt, dass er „das Risiko eingehen würde, mir oder irgendjemandem, den er liebt, Fehler zu erzählen, von denen sowohl er als auch ich glauben, dass sie korrigiert werden könnten, bevor er sie einem inneren Kreis anvertraut." Grammatik war zweifellos für Sklaven gemacht – nicht für Brillante und Autobiografische. Dennoch sollte jedem ein Preis ausgelobt werden, der das fehlende „Risiko" darin findet, einem anderen einen Punkt zu nennen, in dem beide übereinstimmen.

Sie fügt hinzu, dass sie über „eine lange Erfahrung mit inneren Kreisen" verfügt. Da muss man zugeben, dass sie mir voraus ist. Aber der einzige innere Kreis, den ich seit langem kenne, hat sich seit seiner Elektrifizierung erheblich verbessert.

Als ich Peter zu seiner neuen Ernennung gratulierte, zu der er drei Personen hatte, fragte ich ihn, wann ich ihn zum ersten Mal getroffen habe. Seine Antwort war besonders entschieden, und ich zitiere daraus:

„Es war am 28. Mai 1913. Die Stunde war 1,38,5 Greenwich-Zeit, und ich werde es nie vergessen. Sie waren damals sechzehn, und die Wirkung, als Sie den Raum betraten, war typisch. Plötzlich strahlte das Sonnenlicht, das elektrische Licht ging automatisch an, bis die Sicherungen durchfielen, der Schornstein Feuer fing, das Dach einstürzte, der Benzintank explodierte, der alte R-y sagte, er solle nie wieder mit seiner Frau sprechen wollen, und Der Butler ließ den Veuve Clicquot fallen . Danach kam der Schießtrupp, aber aus irgendeinem Grund wurde das Urteil nicht vollstreckt."

Ich habe nur sehr wenige treue Freunde, und viele von ihnen mussten aus Schwäche verworfen werden; aber wenn sie standhaft sind – nun ja, dann sind sie es wirklich. Das einzige Problem mit Peter Cochin war, dass er zu vorsichtig war. Er neigte zur Untertreibung. Ich glaube nicht, dass er eine wirklich vollständige und umfassende Vorstellung von der Wirkung vermittelt, die ich normalerweise hervorrief.

Ich denke manchmal, dass ich fast zu effektiv bin. Dennoch bedeutet das lateinische Wort „ margo “, wie ich bereits sagte, „die Grenze“.

Fünfter Auszug

AUSSETZUNGEN

Meine Familie hatte seltsame Angst davor, dass ich einen Bräutigam heiraten sollte. Ich habe nie getan. Ehrlich gesagt hatte ich nie die Gelegenheit dazu. Aber ich habe mich auch mit ganz vielen anderen Dingen verlobt.

Mein erstes Engagement hatte ich, als ich noch sehr, sehr jung war. Er war ein humorvoller Mann, und vielleicht hatte ich Unrecht, ihn so ernst zu nehmen. Trotzdem muss er mich verehrt haben. Als ich ihn akzeptierte , wurden seine Haare völlig weiß – ein unfehlbarer Beweis für die Tiefe meiner Gefühle.

Er war ein ausgezeichneter Peitsche. Früher war es ein wunderbarer Anblick, ihm zuzusehen, wie er an einem schmierigen Mittagstag, während die ganze Straße voller Verkehr war, mit zwei jungen Pferden den Ludgate Hill hinunterführte, mit einer Hand eine Pfeife mit einem Streichholz anzündete und trug auf ein angeregtes Gespräch mit dem anderen, während ein Fahrgast auf dem Vordersitz sitzt, brandheiße Satire auf die Köpfe von Fahrern wirft, die weniger effizient sind als er selbst, und den Bus immer sicher durchkommt, mit etwa einem Zentimeter Vorsprung auf jeder Seite.

Andererseits hatte er fast keine Ahnung von Marcus Aurelius, Henry James, dem Stepptanz, Tizian, den Sitten und Gebräuchen einer höflichen Gesellschaft, der Reklamation von Fabrikmädchen, Kardinal Newman oder der Kunst der Eigenwerbung. Ohne jede Anmaßung sagte er, dass diese Dinge nicht auf seiner Route lägen.

Als ich unsere Verlobung ankündigte, waren die anwesenden Mitglieder meiner Familie, etwa siebzehn, alle ohnmächtig, bis auf den lieben Papa, der in seiner aufgeregten Art sagte, wenn ich jemanden heiraten würde , würde er mir die RSPCA auferlegen.

Ich sagte, was ich dachte, und floh, um Trost zu Casey, meiner verheirateten Schwester, zu holen. Aber sie war auch entmutigend.

„Marge“, sagte sie, „versuch es mal. Sie haben eine reiche Natur, schönes Haar, ein Wissen über die Welt, nervöse Anspannung, einen gewissen Anschein von Bildung und vier Pfund fünfzehn bei der Post. Du musst höher schauen.“

Ich habe Szenen immer verabscheut – was bei einem Mädchen, das so gerne im Rampenlicht steht wie ich, vielleicht seltsam erscheint. Ich begann, die Frage noch einmal zu überdenken. Durch Zufall erfuhr ich, dass er bereits eine Frau hatte. Aus dem einen und anderen Grund hielt ich es für das Beste, ihm zu schreiben und ihn aufzugeben. Er kündigte sofort seinen Posten beim Londoner General, gab mir eine seit langem eingepreiste Zusage für die Oaks und reiste nach New York. Als er zwei Jahre später zurückkam, waren seine Haare blassgrün.

Aber wenn die Verlobung nicht zustande kam, dann war es für die Oaks eine Gewissheit. Aus diesem Grund fuhr ich einige Tage später mit der „Marguerite“ nach Ramsgate . Angezogen? Nun, du hättest mich sehen sollen.

Es war der Zufall, dass einer der Passagiere auf dem Boot Herr Aaron Birsch war . Er war mir einige Wochen zuvor von Herrn Bunting vorgestellt worden. Ich wusste, dass er ein Revierkommissar war, mit Erfolg auf Landhäuser spekuliert hatte und allgemein als viel reicher galt, als er aussah. Darüber hinaus weiß ich sehr wenig über ihn. Offenbar hatte er es sich jedoch zur Aufgabe gemacht, ziemlich viel über mich zu wissen. Mr. Bunting war sein Informant, und ich war schon immer ein ganz besonderer Liebling des *Doyens* der Soles gewesen.

Herr Birsch kam sofort auf mich zu. Wir unterhielten uns über verschiedene Themen und er erzählte mir etwas, das für Goodwood wahrscheinlich sehr nützlich sein würde. Dann sagte er plötzlich:

„Tatsächlich gab es eine private Angelegenheit, über die ich mit Ihnen sprechen wollte. Dieses Boot ist zu voll mit dem, was ich Gesindel nenne. Mundharmonikas. Schlechten Geschmack. Kann dich selbst nicht sprechen hören. Aber in Ramsgate haben wir eine Stunde Zeit , und wenn Sie dort einen Snack mit mir einnehmen, kann ich Ihnen sagen, was ich zu sagen habe.“

Mehr aus Neugier als aus irgendetwas anderem habe ich zugesagt. Und ich muss sagen, dass unser Gespräch beim Mittagessen ziemlich bemerkenswert war.

BIRSCH : Um es auf den Punkt zu bringen: Du bist genau das gleiche Mädchen, das Alfred heiraten soll.

MARGE (*unschuldig*): Alfred?

BIRSCH : Ja, mein Sohn.

MARGE : Aber ich habe ihn noch nie gesehen.

BIRSCH : Und wenn Sie es getan haben, werden Sie sich wahrscheinlich wünschen, Sie hätten es nicht getan. Aber lassen Sie sich davon nicht voreingenommen. Es kommt auf das Innere des Kopfes an. Dieser Junge hat ein perfektes Gespür für den Besitz von Ferienhäusern und ein echtes

Fingerspitzengefühl. Erst letzte Woche erhöhte er die Miete einer alten Frau um einen Schilling pro Woche, und als er ging , schenkte sie ihm eine Rosenknospe und sagte, sie würde für ihn beten. Es erfordert etwas Arbeit – so etwas. Nun, ich möchte eine öffentliche Karriere für diesen Jungen, und wenn er dich heiratet , darf er sich das nicht entgehen lassen. Wissen Sie, was Herr Bunting zu mir über Sie gesagt hat?

MARGE (*atemlos*): Aber er ist so schmeichelhaft. Ich glaube, er mag mich – ich weiß nicht warum. Ich frage mich manchmal –

BIRSCH (*als ob ich nie gesprochen hätte*): Bunting sagte zu mir: „Dieses Mädchen, Marge, wird in die Zeitungen kommen. Es könnte in den Gerichtsnachrichten stehen, und es könnte in den Polizei-Gerichtsnachrichten sein. Das hängt davon ab, was sie bevorzugt. Aber sie wird es schaffen und dort bleiben!“ Das ist es, was ich mir für Alfred wünsche. Alles ist bereit, damit er mit dem Schießen beginnen kann, aber er braucht Sie, um die Waffe ins Visier zu nehmen.

MARGE: Und wenn du mich nicht kriegen kannst, wen möchtest du dann haben?

BIRSCH : Nun, Lady Artemis Morals hat eine gewisse Begabung für die Öffentlichkeit. Aber Alfred wird keinen Titel heiraten – er denkt vielmehr daran, sich selbst einen Titel zu machen. Der Junge hat Ehrgeiz. Das Geld kommt bald. Und Sie können den Rest erledigen.

MARGE: Es ist ein schmeichelhaftes Angebot. Du lässt mich darüber nachdenken?

Er stimmte freundlicherweise zu und wir kehrten zum Boot zurück. Auf dem Rückweg wurde das Meer jedoch sehr rau und unangenehm; und ich habe die Idee aufgeworfen.

(Übrigens macht es Ihnen nichts aus, wenn ich den Dialog wie oben schreibe, als wäre er ein Stück aus einem Theaterstück? Ich habe den Sinn des Theaters immer ins wirkliche Leben gebracht.)

Armer Aaron Birk ! Er war nur einer der vielen Männer, denen es sehr am Herzen lag, dass ich jemand anderen heirate. Zwei Jahre später starb Alfred an einer Hirnschwellung – einer Krankheit, von der vor allem Ehrgeizige betroffen sind. Diese Katze, Millie Wyandotte, sagte zufällig zu Birsch , wenn ich seinen Sohn geheiratet hätte , wäre ich jetzt eine wohlhabende junge Witwe gewesen.

„Jeder, der Marge geheiratet hat“, sagte Birsch , „würde nicht nach zwei Jahren sterben.“

„Ich denke nicht“, sagte Millie. „Es wäre wahrscheinlicher, dass er am Ende eines Tages Selbstmord begeht.“

Ich mochte dieses Mädchen nie.

Aber ich muss jetzt über das sprechen, was vielleicht mein schwerwiegendstes Engagement war. Hugo Broke – seine Mutter war eine der Stoneys – war von Geburt an für einen der Dienste und einen ausgewählten Hausdienst vorgesehen. Hier ging man davon aus, dass seine Größe – er war 2,10 Meter groß – für ihn ausschlaggebend sein würde . Als die Herzogin von Exminster jedoch die Entlassung des neuen Lakaien anordnete, erklärte sie, dass Größe wünschenswert sei, dies aber Weitschweifigkeit sei.

Es dauerte jedoch nicht lange, bis er mit der Londoner Niederlassung der Auto-extensor Co. of America ein passendes Umfeld für seine Aktivitäten fand. Die Auto-Extensor Co. widmet sich den verkürzten Ausgaben der Menschheit. Für das Auto-Extensor-System wird behauptet, dass es absolut keine Begrenzung für die Höhenzunahme gibt, die damit erreicht werden kann, vorausgesetzt natürlich, dass das System genau befolgt wird, nichts passiert, was es verhindert, und dass der Regen anhält aus.

Hugo betrat die Niederlassung der Auto-Extensor-Leute in der Regent Street und sagte:

"Guten Morgen. Ich denke, ich könnte diesem Unternehmen als Werbung von Nutzen sein.“

„Ich bin sicher, das könnten Sie“, sagte der Manager. „Wenn Sie freundlicherweise einen Moment warten würden, während der Junge die Trittleiter holt, komme ich herauf und spreche die Bedingungen aus.“

Infolgedessen wurde das große Fenster des Regent Street-Etablissements als Club-Raucherzimmer oder so ähnlich eingerichtet. Ganz in der Mitte , in einem Stuhl von übertriebenem Komfort, aber zweifelhaftem Geschmack, saß Hugo. Er war exquisit gekleidet. Er las eine Zeitung und rauchte Zigaretten. An seiner Seite hing in einem prachtvollen Rahmen eine gedruckte Mitteilung mit einer ziemlich fantasievollen Biografie der Ausstellung.

„Dieser Herr“, hieß es auf dem Zettel, „war einst ein Zwerg. Jahrelang litt er unter den daraus resultierenden Qualen der Demütigung, und dann machte ihn ein Freund auf das Auto-Extensor-System der zunehmenden Körpergröße aufmerksam. Er hatte nicht viel Vertrauen darin, aber in seiner Verzweiflung stellte er es auf die Probe – und es machte ihn zu dem, was er jetzt ist. Schauen Sie selbst. Fakten sagen mehr als Worte. Wir bitten Sie lediglich, den Beweisen Ihrer eigenen Augen zu vertrauen."

Das Fenster erwies sich als große Attraktion. Die Menge davor war gegen vier Uhr am zahlreichsten, da sich jeden Tag zu dieser Stunde eine dramatische und aufregende Szene abspielte. Hugo legte seine Zeitung nieder und klingelte auf einem kleinen Tisch neben ihm. Ein Page trat durch die übermäßig plüschigen Vorhänge im hinteren Teil ein, und Hugo gab einen kurzen und hochmütigen Befehl. Der Junge übertrieb seine respektvolle Nachgiebigkeit etwas, zog sich durch die Vorhänge zurück und erschien mit Tee und dünnem Brot und Butter wieder. Von diesen Köstlichkeiten aß Hugo Coram *Popolo* . Das war überzeugend. Ein Zuschauer würde zu einem anderen sagen: „Zeigt dir, dass er echt ist, nicht wahr? Früher dachte ich, es wäre nur eine Attrappe." Und noch einige Zeit danach war der Verkäufer im Laden damit beschäftigt, die kostenlose Informationsbroschüre der Autoextensor Co. zu verteilen.

In diesem Fenster sah ich Hugo zum ersten Mal. Ich kam am Nachmittag etwas spät an und verpasste den ersten Akt, in dem er die Zeitung weglegt und klingelt. Aber ich habe den Schluss des Stücks gesehen.

Meine Augen füllten sich mit Tränen. Hier – endlich hier – hatte ich jemanden getroffen, dessen eiskalte Ausdauer in der Öffentlichkeitsarbeit meiner eigenen ebenbürtig war und sie vielleicht sogar übertraf.

Ich betrat den Laden, besorgte mir das Informationsheft und fragte, wann der Laden geschlossen sei. Zu dieser Stunde traf ich ihn, als er das Geschäft verließ, und meine ersten Gefühle waren Enttäuschung. Seine Kleidung war nicht die exquisite Gewandung, die er als Ausstellungsstück im Schaufenster getragen hatte. Die weißen Gamaschen, die Schwamm-Taschen-Hose mit der messerscharfen Bügelfalte, die goldgeränderte Brille, der gut geschnittene Morgenmantel, die allzu aufdringliche Weste – alles war Eigentum der Autoextensor Co. und nicht deren Eigentum außerhalb der Geschäftszeiten getragen werden. Er trug jetzt einen schäbigen Tweedanzug und eine Mütze. Aber er war immer noch eine auffällige Figur; Ein glückliches Lächeln erschien auf den Gesichtern der kleinen Jungen, als er vorbeiging.

„Gefällt dir dein Job?" Sagte ich schüchtern, als ich neben ihm oben im Omnibus Platz nahm.

Er antwortete ziemlich schroff, dass er annehme, ein Kerl müsse für seinen Lebensunterhalt arbeiten, und jede Arbeit sei Arbeit, egal aus welcher Sicht man sie betrachte. Weitere Fragen ergaben, dass die Bezahlung zufriedenstellend sei, er die Situation jedoch nicht als dauerhaft betrachte. Die Öffentlichkeit würde es satt haben und es würde eine andere Form der Werbung gefunden werden. Er beschwerte sich auch darüber, dass er sieben

Stunden lang ununterbrochen den Anschein eines wohlhabenden Kerls erwecken sollte, der Zigaretten rauchte, und dass ihm die Geschäftsleitung dafür nur ein kleines Päckchen Holzreben pro Tag zur Verfügung stellte.

Ich holte mein Zigarettenetui hervor. Es war eines, das Lord Baringstoke – immer ein nachlässiger Mann – verloren hatte. Es wurde mir vom lieben Herrn Bunting überreicht. Hugo sagte, er habe nichts dergleichen vorgehabt, sondern sich selbst geholfen.

Eine Viertelstunde später kam es zum ersten Streit. Ich fragte ihn, ob es dort, wo er war, kalt sei. Er sagte mürrisch, dass er diesen Witz über seine Statur schon einige Male zuvor gehört hatte. Ich sagte ihm, dass er es wahrscheinlich noch ein paar Mal hören würde, wenn er lange genug leben würde – und ich hatte noch nie jemanden gesehen, der viel länger lebte. Dann sagte er, entweder ich könne aus dem Bus aussteigen oder er würde es tun, und es war ihm egal, welches. Danach waren wir beide ziemlich unhöflich. Er packte mich an den Haaren und ich war gerade geradewegs nach links gelandet, als der Schaffner auftauchte und sagte, er würde es nicht zulassen.

An diesem Abend um 22.41 Uhr verlobte ich mich mit Hugo. Ich erinnere mich genau an die Zeit, denn Mrs. Pettifer hatte die Regel, dass alle ihre Dienstmädchen pünktlich um zehn im Haus sein mussten , und ich habe deshalb lieber ein Auge auf meine Uhr geworfen.

Um die Wahrheit zu sagen, wir haben uns sehr häufig gestritten . Obwohl wir in vielerlei Hinsicht unterschiedlich waren, hatten wir beide ein gereiztes, überreiztes Wesen mit drei Akkorden, deren Haarfedernerven direkt mit der hochexplosiven Sprachmine verbunden waren.

Einmal ging ich mit ihm zu einem Papierkostümtanz in den Räumen neben dem Hopley Arms. Ich ging als „Sunday Times“, wobei mein Kleid aus zwei Exemplaren dieser hervorragenden, wenn auch preiswerten Zeitschrift bestand, geschmackvoll arrangiert auf einem Betonfundament.

Als Millie Wyandotte mich sah, rief sie: „Hallo, Marge! Endlich in die Zeitungen gekommen?“ Eines Tages werde ich mit diesem Mädchen rechnen.

Ich lehnte es überhaupt ab, mit Hugo zu tanzen. Ich sagte ganz offen, dass ich lieber mit jemandem tanze, der meinen Kopf berühren kann, ohne sich zu bücken. Ich ging mit Georgie Leghorn los, und Hugo saß da und schmollte.

Später am Abend kam er auf mich zu und fragte, ob er meinen Umhang holen solle.

Ich sagte gereizt: „Natürlich nicht. Warum solltest du?"

City- Artikel gibt es drei geteilte Infinitive ."

"Ah!" Ich antwortete. „Wenn Millie Wyandotte dich das nächste Mal an den Kopf ruft, gib ihr meine Liebe und sag ihr, sie solle sich nicht überanstrengen."

Die Dinge wurden immer schlimmer, und nachdem er mein Rückgrat als meine persönliche Kolumne bezeichnet hatte, schien jede Möglichkeit einer Versöhnung am Ende. Ich wusste damals nicht, was für ein furchtbar entschlossener Mensch Hugo war.

Georgie Leghorn hat mich nach Hause begleitet. Ich trennte mich von ihm im Haus, schloss das Tor hinter mir ab und ging die Treppe hinunter in die Küche.

Dort hatte ich mir gerade die Haare abgenommen, als ich draußen auf der Straße ein schrilles Pfeifen hörte. Ich legte eilig meine einzige Schönheit zurück, zog die Jalousie hoch und blickte hinaus. Da, über mir auf dem Bürgersteig, streckte sich Hugo in die Ferne.

„Wir haben zur Versöhnung aufgerufen", sagte er. „Öffnen Sie einfach dieses Bereichstor, ja?"

„Um diese Zeit in der Nacht?" rief ich mit angespanntem Flüstern. "Sicherlich nicht."

Er trat zurück und sprang mit einem Satz über das Geländer und hinunter auf das Fensterbrett der Küche. Im nächsten Moment hatte er das Fenster hochgerissen, war eingetreten und stand neben mir.

"Was halten Sie davon?" sagte er ruhig.

„Hugo", sagte ich, „ich habe in meiner Zeit einige Grenzgänger gekannt, aber keinen, der das hätte tun können."

Wir setzten uns und begannen über die Auflösung der walisischen Kirche zu diskutieren, als plötzlich das Tor gerüttelt wurde und eine strenge Stimme draußen „Polizei" sagte.

Hugo verbarg sofort so viel wie möglich von sich unter dem Küchentisch. Es gab keine Hilfe dafür. Ich musste den Polizisten hereinlassen, sonst hätte er die ganze Familie geweckt.

„Ich werde mir nur Ihre Küche ansehen", sagte er.

„Es nützt nichts", antwortete ich. „Der Hasenkuchen war gestern fertig."

„Fetziger Kater, nicht wahr?" sagte er, als er eintrat.

„Nun, du könntest ein Sport sein und einem Mädchen sagen, was du suchst.“

„Der Taxifahrer, der vor ein paar Minuten hier vorbeifuhr, sah, wie ein Mann über das Geländer sprang und sich am Küchenfenster einen Einbruch verschaffte.“

"Ist das alles?" Ich sagte . „Vor ein paar Minuten ist dort tatsächlich ein Mann eingedrungen, aber es war kein Einbrecher. Es war Meister Edward, Mrs. Pettifers ältester Sohn. Er hatte seinen Hausschlüssel verloren – das macht er immer – und so ist es passiert. Er ist sofort nach oben ins Bett gegangen, sonst würde er bestätigen, was ich sage.“

„Er ist direkt ins Bett gegangen, oder? Hat er zuerst seine Beine abgenommen? Mir ist aufgefallen, dass ein Paar davon unter dem Küchentisch hervorschaut.“

„Ja“, gab ich zu, „ich habe früher schon bessere Lügen erzählt. Oh, Herr Polizist, seien Sie nicht zu streng. Ich wollte nie, dass mein junger Mann so herumalbert. Aber – er ist kein Einbrecher. Er ist das Ausstellungsstück der Auto-Extensor Co. in der Regent Street. Sie können den Rest von ihm herausziehen und sehen, ob das nicht der Fall ist.“

„Das habe ich dem Taxifahrer gesagt “, sagte der Polizist. „Ich sagte zu ihm: ‚Ihr Jungs ‘, sagte ich, ‚glaubt ihr, dass ein Einbrecher, der in ein Haus eindringen will, wartet, bis ein Taxi vorbeifährt, und dann eine akrobatische Show abhält, um die Aufmerksamkeit des Fahrers zu erregen? Das ist irgendein junger Narr, der es auf eine der Mägde abgesehen hat.‘ Nein, ich möchte den Rest des jungen Mannes nicht sehen – nicht, wenn er wie das Beispiel ist. Sorgen Sie dafür, dass er so schnell wie möglich abgewickelt wird, und schicken Sie ihn seinen Geschäften nach. Wenn er nicht in zwei Minuten draußen ist, klingele ich an der Haustür und du wirst im Einkaufswagen sitzen. Und benimm dich nicht noch einmal so albern.“

Hugo war in einer Minute draußen. 35 Sek. Er blieb stehen, um mit dem Polizisten zu plaudern, sprang über das sieben Fuß hohe Geländer in den quadratischen Garten, sprang noch einmal zurück, nur um zu zeigen, was er konnte, und ging los.

Ich seufzte lange und tief. Das mache ich immer, wenn ein Vorfall in meinem Leben nicht das beste autobiografische Niveau erreicht. Ich wusste weder, noch kümmerte es mich, was der Polizist dachte. Wissen Sie, ich würde nie einen schlechten Ruf verdienen, aber es gibt nichts anderes, was ich nicht tun würde, um einen zu bekommen.

Vierundachtzig Jahre lang – mein Zahlengedächtnis ist nicht ganz genau, aber wir sagen vierundachtzig – habe ich ihm jeden Morgen und Abend jeden

Tages einen Brief geschrieben, außer an Sonn- und Feiertagen. und die Tage, an denen ich keine Lust dazu hatte.

Aber es sollte nicht sein. In dem Zirkus, dem er später beitrat, war er nicht ohne Erfolg, aber er war unvorsichtig. Sein Einkommen nahm im arithmetischen Fortschritt zu, seine Ausgaben im geometrischen. Dies muss, wie uns Dr. Micawber und Professor Malthus gezeigt haben, in einer Katastrophe enden. Als ich es aus der edelsten Perspektive betrachtete – der autobiografischen –, wurde mir klar, dass eine Heirat mit Hugo meinen Stil unweigerlich einschränken würde.

Und so wurde das große Opfer gebracht. Als wir uns verabschiedeten, waren unsere Gefühle so intensiv, dass meine angeborene Zurückhaltung und Zurückhaltung es mir verbot, sie zu beschreiben. Doch eines Nachts im Juni trennten wir uns, mit einer Träne im Hals und einem Krampf im Auge. Als er den Park verließ, schaute ich nach oben und sah in den braunen Felsen über mir die Silhouette eines anmutigen Tieres vor einem opalfarbenen Himmel. Ich habe immer gesagt, dass diese Mappin-Terrassen eine Verbesserung waren.

Sechster Auszug

REFERENZEN – KÖNIGLICHE WERTSCHÄTZUNG

Da ich das bin, kann man ohne weiteres annehmen, dass ich viele Anerkennungen für die Qualitäten erhalten habe, die ich besitze. Ich habe viele davon bereits der Öffentlichkeit präsentiert, einige sind noch übrig, und es scheint mir schade, dass meine Leser irgendwelche Beweise verpassen sollten. Der erste Erfahrungsbericht stammt von meiner Schwester Casey und ist mit melancholischem Interesse verbunden. Es war das letzte, das sie für mich schrieb, bevor ich den bedeutsamen Schritt wagte, der in meinem letzten Kapitel beschrieben wird:

„Marge Askinforit steht seit acht Jahren in meinen Diensten. Ich würde mich nicht von ihr trennen, wenn ich nicht aus gesundheitlichen Gründen gezwungen wäre, England zu verlassen. Askinforit ist sauber, nüchtern, ehrlich, eine Frühaufsteherin, eine ausgezeichnete Tellerreinigerin und Dienerin, hat perfekte Manieren und hohe Intelligenz, ist sehr stolz auf ihre Arbeit und ist äußerst willig, zuvorkommend und fleißig. Sie war bei mir als Stubenmädchen tätig (die erste von zwei) und sucht nun eine vorübergehende Anstellung in dieser Funktion; Aber es gibt keinen Zweig des häuslichen Dienstes, mit dem sie nicht gründlich vertraut ist, und wenn sich die Gelegenheit ergab, war sie immer bereit, irgendwelche Pflichten zu übernehmen, und sie hat dies mit stets Erfolg getan. Sie ist groß, hat ein gutes Aussehen und gehört der Church of England an (oder was auch immer sonst erforderlich ist), und jeder, der sich einen solchen Schatz sichert, wird außergewöhnlich glücklich sein. Für weitere Auskünfte stehe ich Ihnen jederzeit gerne zur Verfügung.

„(Frau) C. MORGENSTEIN ."

Ich behaupte nicht, dass die Schätzung der lieben Casey die trockene Genauigkeit der Pedantin hatte, aber sie verfügte über eine reiche und hilfreiche Vorstellungskraft. In seltenen Momenten der Depression und des Unglücks habe ich festgestellt, dass ich durch das Lesen eines ihrer Erfahrungsberichte immer wieder zu meinem Ton zurückkehren kann. Und sie haben ihren Zweck effektiv erfüllt. Zu diesem Zeitpunkt akzeptierte ich keine Situationen außer mit hochrangigen Personen; und einige der Ausdrücke, die ich hörte, ließen mich darauf schließen, dass die Rekultivierung der Baronette während ihrer Essensstunde doch mein Lebenswerk sein könnte.

Die nächste Ausstellung wird ein Brief eines berühmten, mir völlig unbekannten Autors sein, dessen Werk ich schon lange kannte und bewunderte:

„Sehr geehrte Damen und Herren, schon seit langem ist es für mich eine Ehre, in den Tageszeitungen meine tiefempfundene Wertschätzung für ein bestimmtes Kaufhaus zum Ausdruck zu bringen. Ich dachte, ich kenne meine Arbeit. Ich glaube sogar, dass es Befriedigung gegeben hat. Ich könnte einen Artikel mit leicht verständlichen und allgemein akzeptierten Fragmenten der Moralphilosophie beginnen, sie mit vollendetem Geschick in die Tonart „ *Crêpe de Chine" modulieren* und mit einem weiteren natürlichen und einfachen Übergang zum großen Thema der herrlichen Möglichkeiten gelangen, die a bietet philanthropische Oxford Street vor einem keuchenden und aufgeregten Publikum. Oder ich würde mit Anmut und Leichtigkeit die Haltung eines voreingenommenen und feindseligen Kritikers einnehmen, zeigen, wie kalte Fakten und unbestreitbare Zahlen mein Urteil umkehren, und am Ende mit einem lebensnahen Bild von mir selbst enden, wie ich hektisch in einem Bus Nr. 16 zum Schnäppchenpreis unterwegs bin Keller, verfolgt von der Angst, dass ich zu spät kommen könnte. Mit welcher Würde – sogar Majestät – habe ich nicht eine gewöhnliche Transaktion in *Dessous investiert* , als ich von der „Politik dieses großen Hauses" sprach! Ja, ich glaubte zu wissen, was es über die höchste Kunst des Anzeigenschreibens zu wissen gab.

„Aber jetzt verziehen sich die Nebel und ich sehe entfernte Gipfel zarter und verwickelter Werbung, von deren Existenz ich nie geahnt hätte. Dir schulde ich es. Sie haben ein Thema, das Sie wahrscheinlich unerschöpflich finden. Angeregt durch Ihr Beispiel werde ich mich meinem eigenen Thema (im Moment Regierungswäsche) zuwenden, mit dem glücklichen Bewusstsein, dass ich etwas viel, viel Besseres tun werde, als ich jemals zuvor getan habe.

„Dein gehorsamer Diener,

„ KALLISTHENIDES ."

Zu diesem Brief möchte ich nur sagen, dass nur wenige den Mut und die Offenheit haben , eine Minderwertigkeit und eine Schuld anzuerkennen, und noch weniger hätten es in der bösartigen und sogar saftigen Art des oben Gesagten getan. Es ist ein Brief, den ich oft lese und den ich sehr schätze. Das einzige Problem daran ist, dass ich mich manchmal frage, ob es nicht wirklich für eine andere Dame gedacht war, deren Name ein oder zwei Ähnlichkeiten mit meinem hat.

Ich kann nicht umhin, auch einen der vielen Briefe zu zitieren, die ich von meinem lieben alten Freund, Herrn JA Bunting, erhalten habe:

„Und jetzt muss ich mich Ihrer Bitte um eine Stellungnahme meiner Meinung über Sie zuwenden, die veröffentlicht werden soll, falls eine Autobiographie entstehen sollte. Ich war es, der Sie in einen bestimmten Kreis eingeführt hat. Obwohl dieser Kreis für mich eine offene Sitzung war, war er zweifellos etwas Besonderes, und ich gestehe, dass ich etwas zögerte.

Sie befanden sich zu diesem Zeitpunkt unverschuldet in einer Situation, die unserem Niveau kaum gewachsen war. Aber ich bewunderte Ihren Geist und fand, dass Ihre Manieren, die ich als guten Beurteiler bezeichnen kann, die richtige Art von Barmherzigkeit hatten , wenn auch mit einer etwas zu großen Tendenz, sich zu widersprechen. Jedenfalls habe ich den Schritt gewagt und ihn nie bereut. Du hast es bald an die Front geschafft, und ich bin fest davon überzeugt, dass du dasselbe getan hättest, wenn du in eine Höhle wütender Löwen geworfen worden wärest. Du fehlst uns sehr. Sie haben meine volle Erlaubnis, diesen Erfahrungsbericht zu nutzen, der völlig unaufgefordert erfolgt und ausschließlich auf der Wertschätzung der gelieferten Waren basiert.

„Die Gesellschaft in London ist derzeit sehr mittelmäßig und wir reisen am Ende der Woche nach Schottland. Seine Lordschaft hatte einen Wutanfall, aber ich hatte den Eindruck, dass ipsum factum dem bald ein Ende setzen würde. Ich wünschte, es wäre genauso einfach, seinem Hang zur Gesellschaft drittklassiger Gesellschaft Einhalt zu gebieten. Drei gewöhnliche Abgeordnete beim Abendessen gestern Abend und ein RA. Ich habe Gesindel immer gehasst und sollte sagen, dass es mir im Blut liegt."

Leider ist es nicht jeder, der mit der einfachen Männlichkeit von Mr. Bunting die sehr hohe Meinung von mir niederschreiben wird, die er unweigerlich gebildet haben muss. Sogar George Leghorn hat sich als Enttäuschung erwiesen. Aber in seinem Fall neige ich zu der Annahme, dass es sich um ein Missverständnis handelte.

Ich bat ihn, mir seine Meinung über mich mitzuteilen, da ich darüber nachdachte, ein Buch zu machen. Auf einer Postkarte antwortete er: „Wenn Sie Frauen in diesem Beruf nicht gutheißen, sollten Sie besser damit aufhören." Für einen männlichen Buchmacher ist es schwer genug, seinen Lebensunterhalt zu bestreiten, wenn jeder mit den absurden Preisen rechnet, die in der Presse genannt werden."

Viele der zeitgenössischen Zeugnisse, die ich erhalten habe, sind so vorsichtig formuliert und so wenig Wärme, dass ich es ablehne, sie in irgendeiner Form zu verwenden. Ich habe Feigheit immer gehasst. Ich habe den Mut meiner Meinung. Warum können andere nicht dasselbe haben?

Allerdings ist es mir durch meine Schwester Chlor gelungen, die Meinungen einiger der Größten eines anderen Jahrhunderts zu gewinnen. Ich kann nur sagen, dass sie meinen Glauben an ihre Kräfte als Medium und an ihr wunderbares System der drahtlosen Telefonie bestätigen.

Die erste Person, die ich sie bitten sollte, anzurufen, war Napoleon. Sie hatte einige Schwierigkeiten, durchzukommen. Er sprach wie folgt:

„Ja, ich bin Napoleon. Oh, das bist du, Chlorine, oder?... Ganz gut, danke, aber finde die Hitze ziemlich drückend... Du willst meine Meinung über deine Schwester Marge? Sie ist wunderbar – wunderbar! Sagen Sie ihr von mir, wenn ich sie nur als junger Mann geheiratet hätte, wäre Wellington meiner Überzeugung nach sein Waterloo erlebt."

Ich denke, er hätte gerne mehr gesagt, aber leider ist der Hörer durchgefallen. Ich denke, es zeigte ein so gutes Gefühl in ihm, dass er Englisch sprach. Der arme Chlor spricht kein Französisch.

Nachdem der Apparat repariert worden war, nahm Chlorine Kontakt mit Sir Joshua Reynolds auf. Sie sagte, seine Stimme habe eine fruchtige Zeremonie, und ich wünschte, ich hätte sie hören können. Aber ich besitze nicht Chlorines mediale Gabe. Sir Joshua sagte:

„Je mehr ich von Ihrer Schwester Marge sehe, desto mehr bereue ich die Zeit, die ich mit Mrs. Siddons verbracht habe, die ebenfalls theatralisch war; Mein Kompliment, dass ich auf dem Saum ihres Gewandes der Nachwelt in Erinnerung bleiben sollte, war nicht schlecht, aber es ist wahrscheinlicher, dass sie als Gegenstand meiner Kunst in die Nachwelt übergeht. Selbst Romney wäre gut genug für sie gewesen. Hätte ich Marge malen können, wäre mein Ruhm tatsächlich unsterblich gewesen. Wer ist Präsident? ... Nun, Sie überraschen mich."

Um jeder Ungläubigkeit vorzubeugen, möchte ich hinzufügen, dass ich diese Worte damals aufgeschrieben, das Datum und die Adresse hinzugefügt und sie unterschrieben habe; es kann also kein Fehler sein.

Weitaus interessanter ist jedoch die wichtige und exklusive Mitteilung, die Chlor als nächstes erhielt. Erst nach langem Überreden brachte ich sie dazu, ihn anzurufen; Sie sagte, es verstoße gegen die Etikette. Schließlich rief sie jedoch Sir Herbert Taylor an, der die Angelegenheit freundlicherweise für uns arrangierte.

Er – nicht Sir Herbert – zeigte die größte Gesprächsbereitschaft. Chlorine sagt, dass er in einem schnellen Stakkato gesprochen hat. Er war auf jeden Fall redselig, und das ist, was er sagte:

"Was was Was? Wollen Sie meine Meinung zur Ehe, nicht wahr, Miss Vergessen-Ihren-Namen? Ich hatte eine lange Erfahrung damit. Wertvolle Frau, Charlotte, sehr wertschätzend, und eine gute Mutter, auch wenn sie Voreingenommenheit zeigte. Aber wenn es nach mir gegangen wäre – zwischen uns, was, was? –, hätte ich Sarah vorgezogen. Lebendiger, unterhaltsamer. Holland hätte sich gefreut. Aber es war nicht möglich. Monarchen sind jetzt Diener von Ministern. Ich selbst habe diese Doktrin nie zugegeben. Ich habe mein ganzes Leben lang dagegen getreten. Ach, wenn North der starke Mann gewesen wäre, der ich war! Aber was die Ehe betrifft...

"Was was? Du hast „Marge“ gesagt – nicht „Ehe“ – deine Schwester Marge? Du solltest deutlicher sprechen. Gehen Sie näher an den Empfänger heran – das Alter beeinträchtigt das Gehör. Tolle Frau, Marge, und du kannst ihr sagen, dass ich es gesagt habe. Toller Lebensmut. Viel Mut. Habe den Mut immer bewundert. Wenn ich ein junger Mann wäre und wieder auf der Erde wäre, würde es mir vielleicht noch schlimmer gehen, was, was?“

Und dann muss ich leider sagen, dass er abrupt das Thema gewechselt hat. Er ging weiter:

„Was ist mit den King-Edward-Kartoffeln? Zeug und Unsinn! Ich wusste alles über Kartoffeln. Habe sie in Windsor angebaut. Kew auch. Habe einen Artikel über sie geschrieben. Warum kann man keine Kartoffel nach mir benennen? Was?"

Hier mischte sich Chlor ein: „Wünschen Sie noch drei Minuten, Sir, oder sind Sie fertig?“

Ich hoffte, er würde sagen: „Unterbrechen Sie uns nicht“, aber möglicherweise aus sparsamen Gewohnheiten tat er es nicht. Ich habe seinen Namen nicht genannt, aus Angst, als indiskret angesehen zu werden, aber vielleicht erraten es diejenigen, die sich mit Geschichte bestens auskennen.

Es ist die größte Ehrung, die ich je erhalten habe, und ich glaube, sie bringt mich fast auf das Niveau meines großen Vorbilds. Wenn ich nur spüren könnte, dass ich das einmal getan habe, könnte ich meine kleinen Hände falten und zufrieden sein.

Aber es ist nicht ganz die größte Hommage von allen. Das Größte ist meine eigene Selbsteinschätzung von mir selbst. Es verlangt und soll ein eigenes Kapitel erhalten. Wischen Sie Ihre Füße ab, nehmen Sie Ihren Hut ab, nehmen Sie einen Sonntagsausdruck an und gehen Sie ehrfürchtig darauf ein.

Schließlich ist die Gabe, uns selbst so zu sehen, wie andere uns sehen, nicht zu wünschen übrig. In Ihrem Fall würde es mit Sicherheit die schlimmste Depression verursachen. Selbst in meinem Fall bezweifle ich, dass es mir den gleichen warmen, durchdringenden Glanz der Befriedigung geben würde, den ein narzisstischerer Eingriff mit sich bringt.

Sollte man übrigens „Selbstwertgefühl“ oder „Selbstwertgefühl“ sagen? Was für ein dummes Mädchen ich bin! Ich habe es ganz vergessen.

Siebter Auszug

SELBSTEINSCHÄTZUNG

Mehr Ärger. Entschlossen, anhand der besten Modelle eine Einschätzung meiner selbst abzugeben, blätterte ich die Seiten meines „Großartigen Beispiels“ durch und stieß auf den folgenden Satz:

„Ich habe nicht vor, mich in diesem Bericht wie Mr. Bernard Shaw zu behandeln.“

Bedeutet das, dass sie nicht vorhat, sich so zu behandeln, als wäre sie Mr. Bernard Shaw? Es könnte. Bedeutet das, dass sie nicht vorhat, sich selbst so zu behandeln, wie Mr. Bernard Shaw sie behandelt? Es ist nicht unmöglich.

Was man damit meinen möchte, ist: „Ich habe nicht vor, mich selbst so zu behandeln, wie Mr. Bernard Shaw sich selbst behandelt.“ Aber wenn sie das gemeint hätte, hätte sie es gesagt.

Ich wich vorsichtig zurück und fiel ein paar Zeilen weiter über ihre Aussage auf, dass sie eine Vorstellung von Schönheit „nicht nur in der Poesie, der Musik, der Kunst und der Natur, sondern auch im Menschen“ habe. Kein Zweifel. Und ich habe nicht nur in ihrer Autobiografie, sondern auch im siebzehnten Kapitel die Vorstellung von schlampigem Schreiben.

Ich war im selben Kapitel kaum weitergekommen, als ich in folgendes Dickicht geriet:

„Ich habe Porzellan , Bücher, Peitschen, Messer, Streichholzschachteln und Uhren bekommen, seit ich ein kleines Kind war.“

Hätte man ihr diese Dinge gegeben, seit sie ein kleines Kind war, hätte man sie ihr möglicherweise an dem Tag gegeben, an dem sie schrieb – in diesem Fall wäre es nicht verwunderlich gewesen, dass sie sie immer noch besaß. Der nächste Ausweg aus dem Dschungel bestünde darin, „seit“ durch „wann“ zu ersetzen. Aber es ist unglaublich, dass sie sich zwei Möglichkeiten ausgedacht hat, dasselbe zu sagen, sie aufeinander treffen ließ und der „Sunday Times“ den Schlamassel schickte, der aus der Kollision resultierte.

Sie muss Recht haben. Herr Balfour sagte, sie sei die beste Briefschreiberin, die er kenne. Mit großzügiger Gegenseitigkeit las sie die Bücher von Herrn Balfour und erkannte ohne fremde Hilfe, „was für einen schönen Stil er schrieb.“

Und fragen Sie mich um Himmels willen nicht, wie Sie einen Stil schreiben. Sie machen es genauso, wie Sie einen Topf kochen – das heißt, indem Sie das Wort „in“ weglassen.

Noch ein Zitat aus der letzten Spalte des letzten Auszugs:

„Wenn ich eine Meinung über mich selbst gestehen und preisgeben müsste, die mich ein wenig von anderen Menschen unterscheiden könnte, würde ich sagen, dass es meine Kraft der Liebe gepaart mit meiner Fähigkeit zur Kritik war.“

Nein Vergiss es. Die Macht der Liebe ist keine Meinung; Und am Ende eines Satzes ist es genauso gut, sich daran zu erinnern, wie man ihn begonnen hat. Aber ich weigere mich absolut, meinen einfachen Glauben erschüttern zu lassen. Sie zeichnet die Knochen auf, die sie gebrochen hat, aber John Addington Symonds sagte ihr, dass sie „ *l'oreille“ behalten habe einfach* .“ Ihr Mann sagte, sie habe gut geschrieben, und er müsse es wissen. Soll ich außerdem in meinem vorletzten Kapitel davon überzeugt werden, dass mit dem Modell, dem ich gefolgt bin, irgendetwas falsch sein kann? Sicherlich nicht. Es wäre herzzerreißend.

Außerdem ist die Erklärung ganz einfach. Als sie den letzten Teil der „Sunday Times“ schrieb, war die Macht der Kritik dazu da, die Ventile einzuschleifen.

Ich möchte Sie jetzt um Ihre freundliche Aufmerksamkeit bitten, um mein persönliches Urteil über mich, Marge Askinforit , zu erhalten.

Es gibt nur eine Qualität, von der ich behaupte, dass sie sogar noch mehr besitzt als mein Prototyp. Sie ist anders als das wirkliche Leben – keine Frau war jemals so, wie jede Frau sich selbst vorstellt –, aber ich bin weitaus unähnlicher als das wirkliche Leben. Ich habe mehr Inkonsistenz, mehr Selbstwiderspruch, mehr Anachronismus, mehr Unmöglichkeit. Tatsächlich habe ich manchmal das Gefühl, als hätte mich irgendein Idiot nur erfunden, während er so weitermachte.

Und der nächste Artikel? Ja, meine Fantasie.

Ich habe eine gewisse Vorstellungskraft. Es hat nichts mit Erfindung oder Fantasie zu tun. Es ist überhaupt keine geistige Fähigkeit. Es ist nicht physisch. Es handelt sich auch nicht um Lähmung, Butterscotch oder Drei-Pik-Verdoppelung. Ich würde so gerne eine Vorstellung davon geben, wenn ich welche hätte. Vielleicht hilft eine Instanz.

Ich erinnere mich, dass ich einmal dem Dekan von Belial sagte, dass die Benennung eines Highland-Hotels „The Light Brigade“ meiner Meinung nach ein hohes Maß an Fantasie bezeuge.

„Einen halben Moment", sagte der Dekan. „Ich glaube, das kenne ich. Nein, ich kann es nicht verstehen. Warum hieß das Hotel so?"

„Wegen seiner tollen Gebühren."

„Ja", sagte er müde. „Ich habe es gehört. Aber" – noch deutlicher – „ können Sie mir sagen, warum ein Highland-Regiment ‚The Black Watch' genannt wurde?"

„Das kann ich, Massa Johnson. Denn in beiden steckt ein ‚b'."

"Wieder falsch. Das liegt daran, dass in jedem ein „e" steckt."

Ich versetzte ihm einen Half-Nelson an den Kiefer und tötete ihn, und die gesamte Truppe sang dann „Way down upon de Swannee. " Ribber " mit Harmoniumbegleitung und bildete damit den Abschluss der Nachmittagsvorstellung. Die Vordersitze waren halb leer, aber es war spät in der Saison und sah nach Regen aus, und ...

Natürlich kann ich aufhören, wenn Sie möchten. Aber Sie verstehen, was ich meine, nicht wahr? Die Fantasie ist etwas, das einem davonläuft. Wenn ich meines durchgehen ließe, würde das diese alte Autobiografie in Stücke reißen.

Aber ich scheine nicht die Art von Vorstellungskraft zu haben, die mich wissen lässt, was die Gefühle der Menschen verletzen könnte. Wenn ich Menschen liebe , sage ich ihnen immer, was ihre schlimmsten Fehler sind, und wiederhole, was alle hinter ihrem Rücken über sie sagen. Das sollte die Leute dazu bringen zu sagen: „Danke, Marge, für deine freundlichen Worte. Sie werden mir helfen, mich zu verbessern." Es ist noch nicht passiert. Es ist meine wundersame Fähigkeit zur Kritik, die die Probleme verursacht. Immer wenn ich es von der Leine lasse, scheint es jemanden zu beißen; ein Maulkorb wurde vorgeschlagen.

Neulich sagte ich zu Popsie Bantam: „Du hast völlig Recht, dir die Haare zu schneiden, Popsie . Wenn Sie von irgendetwas nicht genug haben, versuchen Sie immer, die Leute davon zu überzeugen, dass Sie weniger wollen. Aber Ihr Rouge-et-Noir-Make-up ist einfach der Hammer. Wenn es Ihnen gelingen würde, einige der Farben an den richtigen Stellen zu platzieren, würden die Leute weniger lachen. Und ich kann nie ganz entscheiden, ob es an deiner Kleidung liegt, die falsch ist, oder ob es nur an deiner Figur liegt. Ich wünschte, du würdest es mir sagen. Wie auch immer, du solltest es mit einem Job bei einem Fotografen versuchen – du bist genau das richtige Mädchen für eine Dunkelkammer."

Das ist wirklich alles, was ich gesagt habe – nur liebevolle, herzliche, hilfreiche Kritik, mit ein wenig Estragon darin. Doch als ich sie am nächsten Tag auf der Treppe traf , sagte sie, sie wolle nicht mehr mit mir reden . Also hievte ich sie über die Balustrade und sie fiel zwölf Meter tief auf den Marmor darunter. Ich bin zu impulsiv – das habe ich immer gesagt. Eher erbärmlich war, dass sie starb, als der Krankenwagen das Krankenhaus erreichte. Ich habe auf diese Weise viele nette Freunde verloren.

Abgesehen von ein paar ganz kleinen Morden glaube ich nicht, dass ich in meinem Leben etwas getan habe, was ich bereue. Und selbst die Morde – so wie sie waren – waren eher auf meine Umstände als auf mich selbst zurückzuführen. Wenn ich, wie ich es mir immer gewünscht habe, allein auf einer einsamen Insel gelebt hätte, hätte ich niemals jemanden getötet. Aber wenn man in die große Welt (Kellereingang) geht und eine schlechte Nacht hat oder die Fliegen lästig sind, überkommt einen ein Gefühl leidenschaftlicher Sparsamkeit; Sie erkennen, dass es Menschen gibt, auf die Sie verzichten können, und Sie verzichten auf sie. Das ist die ganze Wahrheit über ein kleines Versäumnis, aus dem meine Kritiker das Beste gemacht haben. Verleumdung und Übertreibung gingen so weit, dass mir mehr als einmal vorgeworfen wurde, ich sei gewohnheitsmäßig gereizt.

Mein verehrtes Model schrieb, dass sie schon immer „Briefe, alte Fotos der Familie, berühmte Leute und Kleinkram" gesammelt habe. So weit bin ich noch nicht gekommen.

Ich habe Gewinnchancen gesammelt, und fast jeden Herbst streife ich durch die Moore und fülle einen großen Korb damit, aber ich habe nie Enden gesammelt.

Ich möchte zwar berühmte Leute sammeln, aber aus Mangel an ein wenig Bildung ist mir das nicht gelungen. Ich weiß einfach nicht, ob es das Beste ist, sie in Spirituosen aufzubewahren oder sie in Glasvitrinen zu stopfen – wie die Kanarienvögel und die Fische, an die man sonst nicht glauben könnte. Mir wurde gesagt, dass das wirklich der beste Weg ist Ich drücke sie zwischen die Blätter eines sehr dicken Buches, etwa einer Autobiographie, aber ich habe den Eindruck, dass sie viel von ihrem natürlichen Glanz verlieren, wenn sie auf diese Weise behandelt werden.

Eine weitere Schwierigkeit besteht darin, dass die gewöhnlichen Zyanidflaschen, die Sie beim Naturforscher kaufen , zwar hervorragend gegen Motten geeignet sind, aber nicht wirklich groß genug sind, um eine ausgewachsene Berühmtheit aufzunehmen. Auch auf die Gefahr hin, als Sentimentalist bezeichnet zu werden, möchte ich sagen, dass ich nicht glaube, dass ich berühmte Menschen mit einer Methode töten könnte, die nicht sowohl schnell als auch schmerzlos wäre. Wenn bei ihrer Zerstörung so etwas wie Grausamkeit im Spiel wäre, würde ich sie lieber gar nicht erst einsammeln, sondern sie nur in ihrem wilden Zustand untersuchen.

Ich bin nur ein armes kleines Mädchen und kann in keinem Nachschlagewerk im öffentlichen Lesesaal etwas zu diesem Thema finden. Ich brauche fachkundigen Rat. In der Nähe der Baker Street Station gibt es eine ziemlich schöne Ansammlung berühmter – und berüchtigter – Menschen, aber mir wurde gesagt, dass es sich nur um Scheinbilder handelt. Das würde mir überhaupt nicht passen. Ich bin viel zu aufrichtig, aufrichtig und ehrlich, um etwas weniger als das Echte zu ertragen.

Es muss eine Möglichkeit geben, das zu tun. Ich hätte gerne einen ausgestopften MP in einer Glasvitrine an jedem Ende des Kaminsimses in meinem kleinen Boudoir. Es müssen nicht unbedingt die seltensten und teuersten sein. Ein hübsches Labour- Mitglied mit offenem Mund und rustikalem Hintergrund und ein Koalitionist, der leicht auf dem Zaun steht, würden mir gefallen.

Es wäre so interessant, seine Schätze zu zeigen, wenn die Leute zum Tee kommen.

„Noch nie einen echten Leader-Autor gesehen?" Ich sollte sagen. „Es gibt sie vor Ort in Hülle und Fülle, aber sie kommen meistens nachts heraus, und so viele Leute vermissen sie. Es hat nicht den geringsten Nutzen, Sirup auf die Bäume zu streuen. Der beste Weg ist, gegen ein Uhr morgens langsam mit dem Taxi die Fleet Street entlang zu fahren und ehrlich zu wirken. So bekam ich den großen Leader-Autor im Saal. Drücken Sie einfach seinen obersten Westenknopf und er wird beweisen, dass die verlorene Wahl ein moralischer Sieg war.

„Im nächsten Fall? Oh, das sind nur ein paar kleine georgische Dichter. Sie sehen wild aus, sind aber eigentlich ziemlich zahm. Streuen Sie einen Vorschuss an Tantiemen auf die Fensterbank und sie werden es holen. Früher war es schön, den beiden dabei zuzusehen, wie sie einander mit Schmeicheleien überhäuften. Sie singen abgehackte Prosa, und es schien fast schade, sie zu töten; aber es gibt noch viel mehr.

„Und dieses sehr hübsche Geschöpf ist eine Schauspielerin; Wenn Sie eine Interviewerin in die linke Ecke der Umkleidekabine setzen, hören Sie sie sagen: „Ich liebe das Landleben und bin nie glücklicher, als wenn ich in meinem kleinen Garten arbeite" – fügen Sie hier das Foto ein sun-bonnet – „ Ich glaube nicht, dass die große Öffentlichkeit oft erkennt, wie viel –""

Aber ich spreche davon, andere Leute zu sammeln. Ich komme von meinem Thema ab. Ich muss mich sammeln.

Schon sehr früh erkrankte ich an den Masern und geriet wenig später ins Blickfeld der Öffentlichkeit. Letzteres halte ich immer noch. Aber ich verliere nicht oft etwas außer Freunden und gelegentlich den letzten Bus und natürlich meine Situationen. Mein großartiges Model sagt, es sei eine positive

Strafe für sie, wenn sie lange in einer Position verharrt, und ich muss in etwa so sein – ich behalte selten eine Position länger als einen Monat. Andererseits habe ich immer noch eine ganze Reihe von Metallscheiben, die die Räder einer Spielzeugeisenbahn bildeten, die ich als Kind hatte. Ich hätte sie alle haben sollen, aber einige habe ich verwendet, um Pralinen aus den Automaten zu holen.

Ich hätte hier gerne eine Liste meiner Erfolge angehängt, aber ich muss unbedingt Platz für mein letztes Kapitel lassen. Um Platz zu sparen, werde ich daher lediglich eine Liste der Leistungen geben, die ich nicht oder nicht bis zur Perfektion erreicht habe.

Die Es- Klarionette ist nicht wirklich mein Instrument, aber ich gebe Ihnen drei Vermutungen, was es ist.

Ich laufe wunderbar, aber nicht so gut wie ich tanze. Allerdings hebe ich mir die Ichs aus meiner Autobiografie zum weiteren Üben auf.

Manche Menschen haben vielleicht bessere Erinnerungen. Aber das ist kein Grund, warum sie der „Sunday Times“ darüber schreiben sollten.

Ich kann Chinesisch nicht so fließend schreiben wie Englisch, obwohl ich es möglicherweise korrekter schreiben könnte.

Ich glaube, ich habe alles erwähnt, in dem ich nicht perfekt bin. Wahrheit und Bescheidenheit bringen mich dazu.

Ich würde diese Einschätzung meiner selbst wie folgt abschließen. Wenn ich eine Meinung über mich selbst bekennen und offenlegen müsste, die festhalten würde, was meiner Meinung nach mein Unterschied zu anderen Menschen ist, dann wäre es die Meinung, dass ich für mich selbst ein Gesetz und für alle anderen ein Urteil bin.

Spätes Extra

TRAGISCHES VERSCHWINDEN VON MARGE ASKINFORIT

Ich denke manchmal, dass es das Gefühl einer bevorstehenden Autobiografie gewesen sein muss, das mich dazu bewogen hat, eine Anstellung in der Lightning Laundry zu suchen. Schließlich tut der Autobiograph in der Öffentlichkeit lediglich das, was die Wäscherei in der anständigen Abgeschiedenheit ihrer Werke in Wandsworth oder Balham tut.

Der Hauptunterschied scheint darin zu bestehen, dass eine seriöse Wäscherin weiß, wo sie die Grenze ziehen muss.

Aber ich gebe zu, dass ich andere Beweggründe hatte, eine neue Karriere anzustreben. Mein Versuch, Baronets in ihrer Essensstunde zurückzugewinnen, war völlig gescheitert; Trotz allem, was ich tun konnte, fraßen die schmutzigen Hunde zu dieser Zeit weiterhin ihr Abendessen. Andererseits hatten die schönen und fantasievollen Aufsätze, die der liebe Casey unter verschiedenen Namen und mit wechselnden Adressen über meine Eignung für den Hausdienst schrieb, zu viel Aufmerksamkeit erregt; und eine zensierte Welt stigmatisierte als falsch und unehrlich, was wirklich poetisch war. Ich wollte auch eine Position mit größerer Unabhängigkeit.

Natürlich musste ich die Arbeit lernen. Zuerst wurden mir die Grundprinzipien des Knopfabziehens beigebracht. Anschließend ging es ans Grobschneiden. Dabei wird an gestärkten Kragen und Manschetten mit einer groben Feile eine raue Kante angebracht. Anschließend wurde ich in die Mischabteilung befördert. Hier werden die fertigen Artikel für den Versand verpackt. Es erfordert große Schnelligkeit und einen guten Sinn für Humor . Du nimmst zum Beispiel ein Paar Socken und musst sofort entscheiden, ob du sie beide einer älteren, unverheirateten Dame schickst oder sie unparteiisch auf zwei Männer aufteilst. Unsere Fähigkeit, seltsame Socken und Strümpfe herzustellen, wurde von der Amalgamated Hosiers' Institution dankbar anerkannt, die der Wäscherei einen jährlichen Zuschuss zahlte. Ein gutes Gedächtnis war für die Arbeit unerlässlich. Jedes Mädchen musste sich merken, welche Halsbandgröße jeder männliche Kunde hatte, damit die 15-Zoll-Halsbänder an den Mann mit dem 17-Zoll-Halsband geschickt werden konnten und umgekehrt. Wie der Manager einmal zu mir sagte: „Wir sind hier, um den Menschen Selbstbeherrschung beizubringen." Der Rest ist nur Nebensache."

Ich blieb nicht lange in der Mischabteilung. Mein Gespür für Zahlen verschaffte mir bald einen Platz im Büro. Vieles davon war Routinearbeit.

Viermal im Jahr mussten wir Mitteilungen verschicken, dass wir aufgrund der gestiegenen Arbeits- und Materialkosten widerstrebend gezwungen waren, unsere Preise um 22 1/2 Prozent zu erhöhen. Wir haben es auf 22 1/2 Prozent geschafft. mit der glücklichen Gewissheit, dass nur sehr wenige unserer Kunden in der Lage sein würden, die Höhe der Erhöhung zu berechnen, und noch weniger würden sich die Mühe machen; Dies ließ ein wenig Raum für das Spiel unserer Fantasie. Wie einer unserer Direktoren – ein Mann mit einem feinen, wissenschaftlichen Kopf – einmal zu mir sagte: „Bringen Sie die größere Vision in die Erweiterung eines Kundenkontos ein." Die einzige natürliche Grenze für die Kosten für das Waschen eines Kleidungsstücks sind die Kosten des Kleidungsstücks. Behalten Sie stets das Ziel im Auge. Unsere aktuellen Preise sind nur Meilensteine auf dem Weg." Er hatte eine wunderschöne, kirchliche Stimme. Niemand hätte gedacht, dass er ein Ingenieur und der Erfinder des Knopflösers und des Saumschneiders war, die so viel dazu beigetragen haben, unsere Wäschereien zu dem zu machen, was sie sind.

Gleich am ersten Tag, an dem ich meine Arbeit im Büro aufnahm, wurde mir bewusst, dass Hector, der Manager, ein Auge auf mich geworfen hatte. Normalerweise las er uns Mädchen ein oder zwei Seiten aus Keats oder Shelley vor, bevor wir anfingen, die Konten der Kunden zu entziffern. Dies alles entsprach der weitsichtigen und großzügigen Politik der Wäscherei. Die Lektüre hat etwas Zeit in Anspruch genommen, aber sie hat uns mit der aufsteigenden Stimmung erfüllt. Es machte pedantische Präzision und Dinge, die für uns abstoßend sind. Nachdem ich Hector die „Ode an eine Nachtigall" lesen hörte, konnte ich mich nicht dazu durchringen zu sagen, dass zwei und zwei vier waren; nichts weniger als vierzehn schien mir irgendeine Befriedigung zu geben. Hector wusste, wie schnell ich reagierte und wie scharfsinnig ich war. Ein Freund erzählte mir einmal, er habe über mich gesagt, dass ich das Rechnen zu einer Rhapsodie gemacht habe. „Das", antwortete ich leise, „ist ernst."

Das tat es. An einem Samstagnachmittag trank ich Tee mit ihm – nicht auf der Terrasse, da der ABC-Laden in der High Street viel näher lag. Er war ganz wunderbar. Er redete zwei Stunden lang ununterbrochen und hätte gerne noch länger geredet. Aber die Kellnerin wies darauf hin, dass die Gebühr für eine Tasse Tee und ein Gebäck nicht die einundzwanzigjährige Miete des Stuhls beinhaltete, auf dem Sie saßen.

Er war natürlich ein Mann mit großen wissenschaftlichen Leistungen. Seine Arbeit über den Einsatz von Säuren beim Auflösen von Stoffen genießt in den Wäschereien Europas einen guten Ruf. Aber er hatte nicht die Angewohnheit, Gotteslästerungen zu schreien, wovon mein großes Beispiel niemanden überzeugen konnte, das sie in Huxley entdeckt hatte. Kurz gesagt, er entsprach nicht der unwissenschaftlichen Vorstellung davon, wie ein wissenschaftlicher Mensch sein muss. Er war ein gebildeter Idealist. Ich werde versuchen, mich an einige der wunderbaren Dinge zu erinnern, die er an diesem Nachmittag gesagt hat.

Als Antwort auf eine meiner Bemerkungen antwortete er mit Autorität und Überzeugung: „Marge, das *bist du wirklich* ."

Und tatsächlich musste ich zugeben, dass ich das sehr oft tue.

Er sagte, dass sanfte Methoden in dieser Welt mehr bewirkt hätten als harte, und fügte diesen schönen Gedanken hinzu: „In der Strapaze der Wäsche überdauert der Weichei oft den Gestärkten."

Später brachte ich ihn dazu, von Ehrgeiz zu sprechen.

„Ich bin ehrgeizig. Das heißt, ich lebe nicht in der Gegenwart, sondern in der Zukunft. Früher hatte ich ein Fahrrad, aber in meiner Fantasie fuhr ich einen gebrauchten Ford; und jetzt besitze ich den Ford, und in meiner Vorstellung habe ich einen Rolls-Royce. Ich hatte einmal eine untergeordnete Position in der Wäscherei inne, aber in meiner Vorstellung war ich der Manager; und jetzt bin ich der Manager und werde in meiner Fantasie gebeten, dem Vorstand beizutreten. Wie der Dichter Longfellow so weise sagte: Excelsior. In das Herz des Ehrgeizigen sind in goldenen Buchstaben die Worte eingraviert: „Und der nächste Artikel?" Im Moment trinke ich eine Tasse Tee mit dem bei weitem brillantesten und schönsten Mädchen meiner Bekanntschaft, aber in meiner Fantasie –"

Und genau dort unterbrach uns die taktlose Kellnerin so unhöflich. Vergeblich versuchte ich, ihn auf das Thema zurückzuführen. Fast seine letzten Worte an mich an diesem Nachmittag waren:

„Ich nehme an, Sie wissen nicht zufällig, wie spät es ist?"

Ich auch nicht. Es war nur ein Beispiel seiner subtilen Intuition. Er verstand mich sofort und ohne Mühe. Viele Männer haben es jahrelang zu einem Hobby gemacht und waren nie im Umkreis von drei Straßen davon.

Die Uhr am Postamt gab ihm die Informationen, die er brauchte, und er lüftete seinen Hut und sagte: „Nun, ich komme wohl voran."

Das ganze Leben des Mannes steckte in diesem Satz. Immer kam er voran – und immer mit einem Zwang, wie vom Schicksal, ihn hinter sich herzudrängen.

Er kannte meinen ausgeprägten Sinn für Kunst, deren gerechter und unermüdlicher Kritiker ich immer gewesen bin, und nahm mich am darauffolgenden Samstag mit, um mir die Bilder anzusehen. Es war keine gute Serie – zu viele Comics für meinen Geschmack, und den von Charlie Chaplin hatte ich schon einmal gesehen. Doch in der düsteren Abgeschiedenheit der Zwei-Schilling-Sitze, gerade als die achtzehnte Folge von „The Woman Vampire" ihre erbärmlichste Passage erreichte und das Mädchen am Klavier passenderweise zum Harmonium wechselte, fragte mich Hector, ob ich ihn heiraten würde.

(Nein, das werde ich nicht. Ich weiß, dass ich Autobiographin bin und dass Sie dafür bezahlt haben, hereinzukommen, aber es gibt Grenzen. Sie wissen, wie schüchtern und zurückhaltend ich bin. Kein nettes Mädchen würde Ihnen sagen, was der Mann gesagt oder getan hat bei einer solchen Gelegenheit, oder wie sie reagiert hat. Es wird keine Details geben. Und Sie sollten sich schämen.)

Aber nur eine von Hectors Beobachtungen hat mich besonders beeindruckt: „Weißt du, Marge, es gibt nicht viele Mädchen in der Wäscherei, denen ich so viel sagen würde."

Diese Präferenzerklärung, mich sozusagen in einen kleinen Kreis der Auserwählten aufzunehmen, bedeutete mir sehr viel. Ich konnte nur antworten, dass es einige Männer gab, denen ich nicht einmal erlauben würde, mich ins Kino mitzunehmen. Ich bat darum und bekam Zeit zum Nachdenken.

Ich stand vor dem größten Problem meines Lebens. Ich weiß, dass meine Ehe mit Hector einen großen Nachteil hatte. Es bestand ein immenses Risiko. Am Ende dieses Kapitels wird der Leser wissen, welche Risiken und Nachteile es mit sich brachte.

Gleichzeitig wusste jeder genau, dass Hector für eine großartige Position prädestiniert war. Ich hatte bereits mit einem der Direktoren, Herrn Cashmere, den ich bereits zitiert habe, im Hinblick auf Eventualitäten einige Gespräche geführt. Ich war sein besonderer Favorit . Aber es ist in der Geschäftswelt natürlich etwas ganz Normales, dass ein Direktor die internen Angelegenheiten des Vorstands mit einem der unteren Angestellten des Unternehmens bespricht.

aufgrund der entstandenen komplizierten Situation Direktor werden würde . Zwei der Direktoren, Herr Serge und Herr Angora, pflegten zwar die bestmöglichen sozialen Beziehungen mit dem Vorsitzenden, Sir Charles Cheviot, lehnten ihn jedoch in politischen Fragen erbittert ab. Andererseits waren Herr Serge und Herr Angora bitterlich eifersüchtig aufeinander, obwohl sie sich in politischen Fragen einig waren, und ein Bruch stand unmittelbar bevor. Unter diesen Umständen versicherte Mr. Cashmere allen seine uneingeschränkte Unterstützung, hatte jedoch einen privaten

Urteilsvorbehalt, der durch die richtungsweisende Katzensalzung endgültig ausgeräumt werden sollte.

Wie auch immer die Krise verlaufen würde, er hielt es für sicher, dass es zu einem Rücktritt kommen würde und dass Hector die vakante Stelle bekommen würde.

„Nun“, sagte ich, „es ist eher wie die Regierung des britischen Empire.“

"Stille!" sagte er warnend. „Es ist genau so, aber im Interesse der Aktionäre möchten wir nicht, dass das allgemein bekannt wird. Es würde das Vertrauen zerstören.“

Direktor würde, sehr bald Vorstandsvorsitzender sein würde. Er war ein Mann, der von Natur aus alles nahm, was es gab.

Es lag in meiner Macht, einen Mann zu heiraten, der Vorsitzender eines Wäschereiunternehmens mit siebzehn verschiedenen Niederlassungen werden würde. Es war eine tolle Position. Hatte ich ein Recht, es abzulehnen? Wenn ich es nicht nahm, war ich mir sicher, dass es jemand anderes tun würde. War irgendjemand anders so gut wie ich? Die Wahrheit zwang mich, die Frage zu verneinen. Die Stimme des Gewissens sagte: „Nimm eine gute Sache, wenn du sie siehst. Menschen haben Vermögen verloren, weil sie ihren Mund zu weit aufgerissen haben.“

Andererseits gab es zwei wichtige Überlegungen . Möglicherweise erhalte ich ein besseres Angebot. Wenn ich ganz sicher gewesen wäre, dass Hector es gut aufgenommen hätte, hätte ich ihn um eine dreimonatige Option gebeten, um zu sehen, ob sich etwas Besseres ergeben würde, aber ich wusste, dass er aufgrund seiner sensiblen Natur möglicherweise beleidigt sein könnte.

Die zweite Überlegung war das schreckliche Risiko, auf das ich bereits hingewiesen habe. Seien Sie geduldig. Sie werden alles darüber erfahren, wenn es soweit ist.

Ich musste mich so oder so entscheiden und entschied mich – wie die Welt jetzt weiß – für Hector . Und sofort brach der Sturm los.

Jede alte Katze, die ich kannte – und ich kannte einige – begann mir Ratschläge zu geben. Niemand nimmt Ratschläge besser an als ich, wenn ich mir bewusst bin, dass ich sie brauche und sicher bin, dass der Rat gut ist. Da bin ich mir so sicher, als ob ein solcher Anlass jemals tatsächlich gekommen wäre. Bei einem Internationalen Naturwettbewerb würde ich mich jedes Mal für mein Geld einsetzen.

Mir wurde gesagt, dass ich in der würdevollen Stellung, die mir zustünde, auf das Herumalbern und den Gebrauch böser Worte verzichten müsse, wenn ich gereizt bin. Es schien mir, dass ich Hector genauso gut nie heiraten könnte, wenn ich all meine Errungenschaften aufgeben würde. Ich vermeide eine gewisse Meinungsfreiheit, die mein großer Vorgänger bei einer ähnlichen Gelegenheit nutzte.

Der liebe alte Mr. Cashmere stellte fest, dass ich darüber fast schlecht gelaunt war, und hörte sich meine Beschwerde ernst an. Er legte eine Hand auf meine Schulter und sagte:

„Marge, ich lebe schon lange und habe im Laufe meines Lebens viele Ratschläge erhalten. Mein beständiger Grundsatz war immer, dafür zu danken und meine Dankbarkeit mit etwas Wärme und jedem Anschein von Aufrichtigkeit auszudrücken. Das ist alles, was der Berater benötigt. Es verschafft ihm oder ihr vollkommene Befriedigung. Es kostet nichts. Danach verfahre ich genauso, als ob kein Rat gegeben worden wäre."

Dieser Freak, Millie Wyandotte, schickte mir einen Toastständer mit Tellern und einen Brief, dem ich Folgendes entnehme:

„Wenn Sie nur halb so außergewöhnlich wären, wie Sie denken, wäre dies eine miserable Ehe. Jeder, der es heiratete, war verwirrt, verwirrt und verärgert, und die Hymne für diejenigen auf See sollte bei der Hochzeitszeremonie gesungen werden. Aber Kopf hoch, altes Mädchen. Wirklich außergewöhnliche Menschen halten es nie für lohnenswert, zu beweisen, dass sie außergewöhnlich sind, und die meisten würden es übel nehmen, wenn man ihnen das sagt. Du wirst tun. Psychologien wie Ihres sind bei jedem seriösen Händler für ein Dutzend Schilling erhältlich, einschließlich der Schachtel. Sie tragen sich sehr gut und geben Zufriedenheit. Hier ist Glück."

Herr JA Banting schickte mir eine Reiseuhr, die einst Eigentum von Lord Baringstoke war, und einen Brief von so glühender Frömmigkeit und zärtlicher Zuneigung, dass es mir zu heilig ist, ihn zu zitieren.

Achtundfünfzig abgelehnte Bewerber schickten mir gemeinsam eine Handtasche ohne großen inneren Wert. Ich kann nicht anders, als zu glauben, dass das Prinzip der Syndizierung eher für das Geschäft als für Großzügigkeit geeignet ist.

Aber ich möchte den Leser nicht mit einer Liste der zahlreichen und kostspieligen Geschenke ermüden, die ich erhalten habe. Es genügt zu sagen, dass einer meiner Brüder, ein ausgezeichneter Richter, mir einen Fünfer für das Los bot und sagte, dass er damit rechnete, Geld zu verlieren.

Unmittelbar nach der Trauung fiel der Schlag. Ich hatte von Anfang an die Gefahr einer Katastrophe vorhergesehen, und diese Katastrophe kam. Ich kann mich kaum dazu durchringen, darüber zu schreiben.

Ich habe von meinem Mann als Hector gesprochen, aber sein Nachname war Harris – seine Mutter war eine der Tweeds. Folglich war ich Mrs. Harris geworden.

Die Tendenz einer Frau Harris, mythisch zu werden, wurde erstmals im 19. Jahrhundert von einem renommierten englischen Schriftsteller bemerkt. Ich habe seinen genauen Namen vergessen, glaube aber, dass es Thackeray war.

In der Sakristei schien es mir, als hörte ich die Stimme einer älteren, vom Gin verwirrten Frau, die mir sagte, dass es keine solche Person gäbe. Ich hörte nicht auf zu existieren, aber mir wurde bewusst, dass ich nie existiert hatte und niemals hätte existieren können. Ich war nur mythisch. Ich flüsterte sanft „Der Snark war ein Boojum" und verstummte.

Das letzte Geräusch, das ich hörte, war die Stimme von Hector, der mir zurief:

„Hallo, hallo! Bist du da? Harris spricht... Hallo, hallo... Bist du da?"

Und wie es nicht selten vorkommt, kam keine Antwort.

FUßNOTE

[A] *Verleger* : Aber Sie geben die Verse nicht an.

Autor : Ich weiß. Es ist eine kleine Idee, die ich von einer hervorragenden Sonntagszeitung habe.

9 789359 948379

Printed at Repro India Ltd.